Staats- und sozialwissenschaftliche Forschungen

herausgegeben

von

Gustav Schmoller und **Max Sering.**

Heft 179.

U. Rottstädt, Besiedelung und Wirtschaftsverfassung des Thüringer Waldes i. e. S.

München und **Leipzig,**
Verlag von Duncker & Humblot.
1914.

Besiedelung und Wirtschaftsverfassung des Thüringer Waldes i. e. S.

Eine historisch-volkswirtschaftliche Studie

von

Udo Rottstädt.

München und **Leipzig,**
Verlag von Duncker & Humblot.
1914.

Altenburg
Pierersche Hofbuchdruckerei
Stephan Geibel & Co.

Meinen lieben Eltern

zugeeignet!

Vorbemerkung.

Ursprünglich ging der Verfasser von dem reihen- und straßendorfartigen Charakter der meisten Thüringer Waldorte aus und beabsichtigte, eine Agrargeschichte des Thüringer Waldes zu schreiben. Bald stellte sich jedoch heraus, daß die Ortspläne trügerisch waren und die Fluren durchaus nicht als solche von Waldhufendörfern anzusprechen sind, daß die Orte vielmehr in allem wesentlichen als Ansiedelungen von Gewerbetreibenden entstanden waren und der Thüringer Wald (in unserer Abgrenzung) überhaupt nie eine nennenswerte Bauernbesiedelung erlebt hatte.

So mußte die ganze Fragestellung und die Gesamtrichtung der Arbeit geändert werden, und der Verfasser sah sich unter dem Zwange der Tatsachen veranlaßt, anstatt der beabsichtigten Darstellung der Agrarverfassung eine Gewerbe- und Verkehrsgeschichte mit anschließender Beschreibung und Erklärung der heutigen Gewerbeverfassung zu geben.

Archive,

aus denen Material entnommen wurde:

Ernestinisches Gesamtarchiv in Weimar (Abkürzung: Ges. A).
Haus- und Staatsarchiv, herzogliches, in Gotha (H. u. St. A.).
Gothaisches Ministerialarchiv Dep. IV (M. A. G.).
Archiv des Landratsamtes in Ohrdruf (L. A. O.).
Archiv des Landratsamtes in Waltershausen (L. A. W.).
Gemeindearchiv in Tambach (T. G. A.).
Pfarrarchiv in Tambach (T. Pf. A.).

Verzeichnis der benutzten Literatur und kartographischen Hilfsmittel.

1. Geographische und kartographische.

A. Penck, Das Deutsche Reich (aus „Unser Wissen von der Erde“, hrsg. von A. Kirchhoff, II, I, 1, 1887).

H. Credner, Übersicht der geogn. Verhältnisse Thüringens und des Harzes, 1843.

Fr. Regel, Thüringen, ein geographisches Handbuch (Landeskunde), I—III, Jena 1892—96 (Abkzg.: Regel, Ldskde.).

Stange, Orometrie des Thüringer Waldes, Halle 1896.

Fr. Spieß, Physikalische Topographie von Thüringen, Weimar 1875.

Singer, Bodenbau und Bewässerung Thüringens, Annaberg 1901.

Joh. Walther, Geologische Heimatskunde von Thüringen, Jena 1903.

Topographische Landesaufnahme des Königreichs Preußen, Blätter Nr. 2928-31, 2991—95, 3054—58, 3117—23, 3177—82, 3234—40, 3288—89.

Geologische Landesaufnahme des Königreichs Preußen, Blätter Nr. 69, 5, 11; 70, 3, 9, 10, 13, 15—17, 19, 21—27, 28—36, 42; 71, 19, 20, 25, 26.

2. Historisch-politische.

Aus „Zeitschr. d. Ver. f. Thüring. Geschichte u. Altertumskunde“, N. F., 7. Bd. (1891), S. 1 f. W. Lippert, Beitr. z. ältesten Geschichte der Thüringer; S. 299 f. O. Dobenecker, Über Ursprung und Bedeutung der thür. Land-

grafschaft; S. 355 f. E. Lorenz, Die thüringische Katastrophe von 531.
Th. Knochenhauer, Geschichte Thüringens in der karolingischen und sächsischen Zeit, Gotha 1863.
— Geschichte Thüringens zur Zeit des ersten Landgrafenhauses (1039—1247), Gotha 1871.
E. Devrient, Thüringische Geschichte, Leipzig 1907.
A. Beck, Geschichte des Gothaischen Landes, I—III, Gotha 1870, 1875, 1876.
G. Brückner, Sammlung verschiedener Nachrichten zu einer Beschreibung des Kirchen- und Schulenstaats im Herzogthum Gotha, I—III, Gotha 1753—1763.
Joh. G. Aug. Galletti, Geschichte und Beschreibung des Herzogtums Gotha, I—IV, Gotha 1779—1881.

3. Siedelungsgeographische, wirtschaftsgeschichtliche, wirtschaftstechnische und volkswirtschaftlich-statistische Literatur.

Aug. Meitzen, Siedelung und Agrarwesen der West- und Ostgermanen usw., 3 Bde. und 1 Kartenband, Berlin 1895.
W. Arnold, Ansiedelungen und Wanderungen deutscher Stämme, Marburg 1895.
A. Werneburg, Die Namen der Ortschaften und Wüstungen Thüringens (Jahrb. d. Erfurter Akademie, N. F. XII, Erfurt 1884).
Fr. Regel, Entwicklung der Ortschaften im Thüringer Wald (Peterm. Mitteilgn., Ergzbd. 17, Gotha 1885) (Abkzg. Regel, Peterm.).
O. Schlüter, Siedelungen im nordöstlichen Thüringen.
Jos. Sempert, Die Siedelungen in der Oberherrschaft von Schwarzburg-Rudolstadt, Rudolstadt 1909.
R. Rackwitz, Zur Volkskunde Thüringens, Halle a. S. 1884.
J. G. Kohl, Der Verkehr und die Ansiedelungen der Menschen in ihrer Abhängigkeit von der Gestaltung der Erdoberfläche, 1841.
G. Landau, Beiträge zur Geschichte der alten Heer- und Handelsstraßen in Deutschland (Ztschr. f. deutsche Kulturgesch. von Joh. Müller und Joh. Falke, Jahrg. 1856).
F. H. Heller, Die Handelswege Innerdeutschlands im 16., 17. und 18. Jahrhundert und ihre Beziehungen zu Leipzig, 1884.
L. Gerbing, Die Straßenzüge von Südwest-Thüringen (Mitt. d. geogr. Gesellsch. zu Jena, 17. Bd., 1898).
— Erfurter Handel und Handelsstraßen.
W. Gerbing, Die Pässe des Thüringer Waldes, Halle 1904.
v. Inama-Sternegg, Deutsche Wirtschaftsgeschichte, 3 Bde., 1879—1891.

K. Lamprecht, Deutsches Wirtschaftsleben im Mittelalter, 4 Bde., 1886.

M. Grabein, Vererbung des ländlichen Grundbesitzes in der Provinz Sachsen (VIII. Heft der „Vererbung d. ländl. Grundbes. im Königr. Preußen, hrsgeg. von M. Sering).

Dorotheus Frank, Umschau auf dem landwirtschaftlichen Gebiete des Thüringer Waldes, Gotha 1856.

Schwappach, Handbuch der Forstpolitik, 1894.

Fr. Regel, Der Thüringer Wald und seine Forstwirtschaft (Deutsche Geogr. Blätter, hrsgeg. von d. Geogr. Ges. in Bremen, Bd. XV, 1. Heft, 1892).

L. Beck, Geschichte des Eisens, 4 Bde., 1884—1903.

H. v. Festenberg-Packisch, Der deutsche Bergbau, Berlin 1886.

Quantz, Praktische Abhandlung über die Eisen- und Stahlmanipulation in der Herrschaft Schmalkalden.

J. R. Häfner, Die 6 Kantonen der vormaligen Herrschaft Schmalkalden, 1808.

„Schriften des Vereins für Sozialpolitik", Bd. 86, Hausindustrie und Heimarbeit in Mittel- und Westdeutschland, 1899.

E. Sax, Die Hausindustrie in Thüringen, 3 Tle., 1884—1888.

K. Frankenstein, Bevölkerung und Hausindustrie im Kreise Schmalkalden, Tübingen 1887.

„Handbuch der Wirtschaftskunde", III. Tl., Art. Glasindustrie, Porzellanindustrie.

Schwerdt, Das industrielle und kommerzielle Thüringen.

A. v. Hoff und C. W. Jacobs, Der Thüringer Wald, 2 Bde., Gotha 1807—1812.

H. Heß, Der Thüringer Wald in alten Zeiten, Gotha 1898.

Br. Hildebrandt, Statistik Thüringens, 2 Bde., Jena 1867—1878.

H. Th. Kühne, Beiträge zur Geschichte der Entwicklung der sozialen Zustände der Stadt und des Herzogtums Gotha während des letzten Jahrhunderts, Gotha 1862.

„Wöchentliche Gothaische Anfragen und Nachrichten" von 1751—1813.

Inhaltsverzeichnis.

Einleitendes.

Der nordwestliche Ausläufer der Gebirgsumwallung des böhmischen Beckens trägt die Namen Thüringer Wald und Frankenwald. Als Grenze zwischen diesen beiden Gebirgsabschnitten pflegt man zweckmäßigerweise die Flüsse Haßlach und Loquitz anzugeben. Doch ist eine zweifelsfreie Grenzziehung schwer möglich, da die Einteilung der ganzen Bodenerhebung in Thüringer Wald und Frankenwald überhaupt nicht geographisch motiviert ist (rechts und links der Haßlach und Loquitz sind die petrographischen und orographischen Verhältnisse gleichartig), sondern auf historisch-politische und namentlich ethnische Ursachen zurückgeht.

Zur Zeit der Königsherrschaft reichte Thüringen östlich bis an die Elbe, an das Erzgebirge und den Böhmerwald. Nach dem Sturze des thüringischen Königtums durch die Franken und Sachsen im Jahre 531 fiel jedoch das Gebiet zwischen Elbe und Saale dem andrängenden Slaventum in die Hände, und seitdem galten die mittlere Saale bis Rudolstadt-Saalfeld und von hier in südlicher Richtung ungefähr die Flußläufe der Haßlach und Loquitz als Ostgrenze Thüringens [1].

Mit der Errichtung der thüringischen Mark und der beginnenden Wiedereindeutschung der Lande zwischen Saale und Elbe seit dem 10. bis 11. Jahrhundert drangen die germanischen Siedler rodend und dorfgründend auch in das noch menschenleere südliche Randgebirge vor, wobei der Gebirgsabschnitt östlich der Haßlach- und Loquitzgegend bis zum Fichtelgebirge in der Hauptsache von Franken besiedelt wurde — allerdings unter Beimischung von slavischen und thüringischen Elementen. Daher für diesen Teil des Gebirgszuges die Bezeichnung „Frankenwald"; für den Rest aber, (d. h. nordwestlich der Haßlach- und Loquitzgegend), als einen Teil Thüringens und in der Hauptsache durch Thüringer besiedelt, der Name „Thüringer Wald".

Eine markante geographische Scheidelinie innerhalb

[1] Die urkundlich festgelegten Grenzen Thüringens bei O. Dobenecker, Regesta diplomatica necnon epistolaria historiae Thuringiae, Vorbem. S. II fg.

der ganzen Bodenerhebung ist in jener wichtigen Gesteinsgrenze gegeben, welche in der Richtung Amt Gehren — Altenfeld — Lichtenau verläuft und den „nordwestlichen und zentralen Thüringer Wald“ oder den „Thüringer Wald i. e. S.“ auf der einen Seite vom „südöstlichen Thüringer Wald“ und dem „Frankenwald“ auf der anderen Seite trennt. Südöstlicher Thüringer Wald und Frankenwald sind geologisch und orographisch gleich geartet und haben im wesentlichen dieselbe siedelungs- und wirtschaftsgeschichtliche Entwicklung durchgemacht, während der Thüringer Wald i. e. S. in all' diesen Beziehungen völlig abweichende Verhältnisse aufweist, als ein Individuum für sich besteht.

Nur auf diesen Gebirgsteil, den Thüringer Wald i. e. S. werden sich meine Ausführungen beziehen. Der Rest des Thüringer Waldes und der Frankenwald sind als Einheit zu behandeln und müssen einer späteren Untersuchung vorbehalten bleiben.

Mehr als alles andere waren es geographische Faktoren, welche dem Verlaufe der Besiedelung und Wirtschaftsentwicklung des Thüringer Waldes i. e. S. eine höchst eigenartige, von den meisten anderen deutschen Mittelgebirgen abweichende Richtung gaben, und dieser Umstand mag es rechtfertigen, wenn ich den wirtschaftlichen Ausführungen eine geographische Skizze voranstelle[1].

Der Thüringer Wald i. e. S. ist ein schmales Kammgebirge mit dem Grundriß einer langgestreckten Hyperbel[2], der südöstliche Thüringer Wald dagegen ein plateauartiges Rückengebirge mit schwacher Hauptkammbildung und breiter, trapezoidförmiger Basis.

Am Ende der Jurazeit bildeten das heutige Thüringen und Franken eine zusammenhängende flachgewellte Ebene, aus welcher die heutigen Gebirge — Thüringer Wald, Frankenwald und Harz — noch nicht herausragten. Diese wurden erst in der Tertiärzeit als Horstgebirge über das Niveau ihrer Umgebung emporgepreßt, indem gleichzeitig die Landschaften zur Rechten und zur Linken beckenförmig einsanken (thüringisches und fränkisches Becken). Während und nach der Gebirgsbildung wurden die oberen mitgehobenen Schichten der Trias- usw. Formationen wieder abgetragen, und bis zur geologischen Gegenwart ist dieser Denudationsprozeß so weit vorgeschritten, daß auf dem Thüringer Wald i. e. S. die Kon-

[1] Welche sich — um die Eigenart der Verhältnisse auf dem Thüringer Walde i. e. S. besonders deutlich hervortreten zu lassen — z. T. auch auf den andersgearteten südöstlichen Thüringer Wald und Frankenwald erstrecken wird. — Vgl. im übrigen die S. IX angegebene geographische Literatur.

[2] Länge ca. 75 km; Breite zwischen Seebach und Schweina 12, zwischen Amt Gehren und Lichtenau 20 km.

glomerate des Rotliegenden, im südöstlichen Thüringer Wald und Frankenwald kambrische, silurische, devonische und karbonische Schiefer die Hauptschichtgesteine der Oberflächenbedeckung ausmachen.

Tatsächlich tritt jedoch im Thüringer Wald i. e. S. das Rotliegende gegenüber älteren und gleichaltrigen Eruptivgesteinen — Porphyr, Porphyrit, Melaphyr und Diabas — sehr zurück, so daß diese heute etwa zwei Drittel der überaus harten Oberflächenbedeckung ausmachen. Der sogenannte zentrale Thüringer Wald (vom Roßkopf am Ostrande des Tambacher Rotliegenden-Beckens bis Altenfeld) trägt sogar eine nahezu geschlossene Porphyrdecke.

Dem Zuge der Gravitation folgend, schufen die Rinnsale das für den Thüringer Wald i. e. S. charakteristische fiederförmige Kamm- und Talsystem mit den unter sich parallel, aber zur Hauptkammlinie rechtwinklig verlaufenden kurzen Seitentälern und -Kämmen. Der großen Härte des Ur- und Eruptivgesteinmaterials entsprechend, sind die Täler des Thüringer Waldes i. e. S. eng und steilwandig und durch hohe, schmale Kämme voneinander getrennt. Die eingestreuten Partien von weichem Rotliegenden und der Verwitterung leicht zugänglichem Granit treten orographisch zumeist als Mulden, Nester und Becken in die Erscheinung (Becken von Tambach, Zella-Mehlis usw.).

Völlig anders geartet ist der südöstliche Thüringer Wald (und Frankenwald). In ihnen sehen wir einen Teil des Fundamentes jener mächtigen mitteldeutschen Schieferalpen vor uns, die während der Karbonzeit Mitteleuropa durchzogen mit SW—NO-Verlauf der Ketten und Längstäler. Während der Rotliegendenzeit wurden jene Alpen bis auf die Grundmauern abgetragen und eingeebnet und dann von Zechstein—Trias—Liasmeer überflutet. In der Tertiärperiode erhob sich ein Teil jenes Alpenfundamentes im Umfang des heutigen südöstlichen Thüringer Waldes und Frankenwaldes abermals als Gebirge über das Niveau der Umgebung; die während der vorhergegangenen Überflutung aufgelagerten Schichten wurden wieder abgetragen, so daß der Sockel jener alten Schieferalpen, auf den schon einmal die tropischen Regengüsse der Karbonzeit niederstürzten, heute zum zweitenmal zutage liegt. Da er im wesentlichen in seinem ursprünglichen Zustande, d. h. ohne Faltung, gehoben und wieder bloßgelegt worden ist, so erscheinen der südöstliche Thüringer Wald und der Frankenwald noch heute als monotones Hochplateau mit einförmig nach NO dahinstreichenden Rücken, den letzten Resten der alten Gebirgsketten. Johannes Walter[1] schildert das eigenartige Landschaftsbild von einer der Höhen des östlichen

[1] A. a. O. S. 45.

Thüringer Waldes sehr anschaulich folgendermaßen: „Wir überblicken eine eintönige Hochebene, auf der zwischen kleinen Anhöhen niedrige Vertiefungen regellos verteilt sind. Alle Berge haben eine ähnliche Gipfelhöhe, die flachen Senken dazwischen gleichen den Tälern zwischen flachen Dünungswellen; von den in späterer Zeit 100 m tief eingeschnittenen, engen Talschluchten der Schwarza, der Saale, der Elster können wir kaum eine Spur entdecken, und bis zum fernen Horizont setzt sich beständig das gleiche Landschaftsbild fort. Seine Eintönigkeit erscheint uns nur dann in einem interessanten Lichte, wenn wir uns bewußt bleiben, daß die großen Züge desselben vor Jahrmillionen angelegt worden sind, daß wir die Ruinen eines großen Kettengebirges vor uns sehen.“ — Weiter unten werden wir darauf zurückkommen, welch große Bedeutung die Eintönigkeit dieser Hochebene für die Besiedelung hatte, gegenüber der stark zerrissenen und in enge Täler und schmale Kämme zerteilte Oberfläche des Thüringer Waldes i. e. S.

Mit Ausnahme des östlichen Teiles der Südwestseite wird der Gebirgsfuß allseitig von einem Zechsteinband umsäumt, das sehr eisen- (in geringerem Maße kupfer- und kobalt-) haltig ist und bis zum Eisenbahnzeitalter die Grundlage für einen bedeutenden Eisenbergbau mit anschließender blühender Eisenindustrie abgab.

Von der Mitte des thüringischen und fränkischen Beckens steigt das Gelände nach dem Thüringer Walde zu beträchtlich an, so daß der Gebirgsfuß bereits in einer absoluten Höhe von 3—400 m zu liegen kommt. Die Hauptkammlinie des Thüringer Waldes und weiterhin auch des Frankenwaldes verläuft ziemlich gleichmäßig in absoluten Höhen von 650 bis 850 m. Darüber hinaus erhebt sich nur das Inselbergmassiv und ein großer Teil des zentralen Thüringer Waldes, welche beide mit ihrer harten Porphyrbedeckung den abtragenden Kräften großen Widerstand entgegensetzten. Hier liegt auch der Kulminationspunkt des ganzen Gebirges: der Beerberg mit 950 m. Beträchtlich unter jene Mittelhöhe von 650—850 m sinkt nur der nordwestliche Ausläufer des Gebirges, welcher in der Hauptsache aus weicherem Schichtgestein, Rotliegendem, besteht und von den Ruhlaer Häuschen bis Hörschel an der Werra schnell von 640 auf 200 herabfällt.

Der Erhebung entsprechen die Temperaturen. Während am Gebirgsfuß die mittlere Jahreswärme 7—8° C beträgt, sinkt sie in den oberen Gebirgslagen bis auf 4° und 3° herab[1]. Das will bei einer geographischen Breite von 50° N besagen, daß die Fluren der Waldsaumorte über der Grenze des lohnenden Weizenanbaues und die Thüringer Wald-Hochdörfer Frauenwald, Neustadt a. R., Neuhaus u. a. bereits

[1] F. Regel, Landeskunde von Thüringen, I, S. 318.

außerhalb der Zone des sicheren Getreidebaues gelegen sind. Schmiedefeld mit nur 628 m über NN hat beispielsweise fast die Hälfte des Jahres Frost: 173 Frosttage.

Bei solch ungünstigen Klima- und Bodenverhältnissen, die den Thüringer Wald als ein zur Besiedelung wenig einladendes Gebiet erscheinen lassen, überrascht die Tatsache, daß er dennoch erheblich dichter bevölkert ist als seine städtereichen und fruchtbaren Vorlandgebiete. Penck [1] sagt im Jahre 1886 über diesen Punkt wörtlich: „Der Thüringer Wald, welcher als unfruchtbares Waldgebirge in entschiedenem Gegensatz zu dem thüringischen Becken tritt, zeigt hinsichtlich seiner Bevölkerung ein Bild, ganz verschieden von demjenigen, welches erwartet werden sollte: unähnlich den bisher betrachteten Gebirgen (Alpen, Böhmerwald, Schwarzwald und Vogesen, rheinisches Schiefergebirge und hessisches Bergland) bedeutet seine Fläche keine Herabminderung der Volksdichte, sondern umgekehrt eine lebhafte Steigerung derselben, er ist dichter besiedelt als das fruchtbare Thüringer Becken im Norden und das fränkische Becken im Süden, über 100 Einwohner kommen auf 1 qkm." [2] — Nach der Zählung vom 1. Dezember 1910 beträgt die Volksdichte des Deutschen Reiches 120 [3], des Thüringer Beckens 149,2 [4], des Thüringer Waldes i. e. S. aber 179,9 [5].

Offenbar ist intensive gewerbliche Entwicklung die materielle Grundlage für diese so abnorm scheinende Bevölkerungsverdichtung. Die Frage ist aber, von welcher Art diese gewerbliche Entwicklung sei. Der Thüringer Wald trägt heute eine verwirrende Mannigfaltigkeit von Fabrik- und Hausindustrien: Glas-, Porzellan-, Metallwaren-, Gewehr- und Kleineisenindustrie, Herstellung von Rauchutensilien, Gesichtsmasken, Spielwaren, Zigarren, Streichhölzern und Feuerschwämmen, ferner Korbwarenhausindustrie, Hausweberei, Handdrechslerei usw,; aber keine von allen hat, was die Beschaffung der Rohmaterialien anlangt, ihren natürlichen Standort auf dem Thüringer Wald selbst. Sie arbeiten mit Roh- und Hilfsstoffen, welche aus dem übrigen Deutschland und dem Auslande nach dem Waldgebirge geschafft und in veredeltem Zustand wieder ausgeführt werden.

---

[1] A. a. O. S. 378.

[2] Ebenda auch die Angabe: die Volksdichte des Thüringer Beckens beträgt mehr als 90.

[3] Statist. Jahrbuch f. d. Deutsche Reich, Jahrg. 1912.

[4] Nach der Umgrenzung von C. Käsemacher, Die Volksdichte der thüringischen Triasmulde, Marbg. Dissert. 1892, Tab. S. 57 (ohne genaue Berücksichtigung der Ausdehnung der Triasglieder, aber unter tunlichster Ausschaltung der Gebirgsanteile).

[5] In dem von L. Klinger, Verteilung und Zunahme der Bevölkerung im Thüringer Walde nach Höhenstufen, Mitteil der geogr. Gesellsch. zu Jena, 9. Bd., Jena 1891, angegebenen Umfang (f. d. Jahr 1910: 95 Orte mit 179 970 Einw. auf 1001 qkm.).

Es entsteht die Frage, auf welchem Wege es zu einer so gekünstelten Wirtschaftsverfassung und gleichzeitig doch zu einer so erheblichen Bevölkerungsverdichtung kam.

Ich antworte darauf mit einer kurzen Besiedelungs- und Wirtschaftsgeschichte des Thüringer Waldes i. e. S., welcher sich im zweiten Hauptteil der Untersuchung eine Darstellung der Entwicklung und gegenwärtigen Wirtschafts- und Sozialverhältnisse eines möglichst typischen Waldortes anschließen wird.

Da auch die politischen Verhältnisse nicht ohne Einfluß auf die Wirtschaftsverfassung des Thüringer Waldes waren, so schalte ich noch eine historisch-politische Skizze Thüringens und des Thüringer Waldes ein[1].

Während der Bronzezeit wohnten im heutigen Thüringen wahrscheinlich Kelten, welche um die Mitte des 1. Jahrtausends vor Chr., mit dem Beginn der La Tène-Periode und dem Anheben der ersten bekannten Völkerwanderung in Mitteleuropa von den Germanen verdrängt wurden. Seitdem ist Thüringen germanisch.

Über die Stämme, welche nacheinander in die Landschaft zwischen Harz und Thüringer Wald, Saale und Werra einwanderten, sowie über die Herleitung des Namens der „Thüringer" besteht eine umfangreiche historisch-philologische Streitliteratur, ohne daß man bis jetzt zu allgemein anerkannten Ergebnissen gelangt wäre. Sicher ist nur, daß nach römischen Quellen bis ins 2. Jahrhundert n. Chr. Cherusker in Thüringen saßen, die dann von Angeln verdrängt oder unterjocht wurden, welche unter Dorfgründungen auf leben, aus der Halbinsel Jütland einwanderten. Wahrscheinlich nach ihrem Stammesgott Donar oder Thor wurde die anglische Herrscherrasse mit Einschluß der Unterworfenen Thoringier, Thüringer genannt, deren mächtiges Königreich zu Beginn des 5. Jahrhunderts urkundlich hervortritt und dessen große Ausdehnung bis nach der Elbe, dem Erzgebirge und der Donau hin wir bereits hervorgehoben haben.

Welchen Anteil die Hermunduren und Warnen an der germanischen Besiedelung und Staatenbildung in Thüringen hatten, steht nicht fest.

Nach dem Untergang der thüringischen Königsherrschaft auf dem Schlachtfelde bei Burgscheidungen im Jahre 531 und mit der Angliederung Thüringens als Provinz an das Frankenreich trat an die Stelle der germanischen Hundertschaftsverfassung die fränkische Verwaltungsorganisation, die Einteilung des Landes in Gaue. Die Gaue wurden von (Gau-) Grafen verwaltet, welche einem — ebenfalls vom Frankenkönig ernannten — Herzog unterstellt waren.

---

[1] Vgl. dazu die S. IX und X angegebene Literatur.

Mit dem Sinken der Königsmacht am Ende des 9. Jahrhunderts begann sich das im fränkischen Universalreich unterdrückte Selbständigkeitsgefühl der germanischen Stämme wieder zu regen und fand seinen Ausdruck in der Entstehung von mehr oder weniger unabhängigen Stammesherzogtümern; wie in Sachsen, Bayern, Schwaben, Lothringen usw., so auch in Thüringen. Doch hier brach schon nach kurzer Zeit, mit dem Tode des Herzogs Burchard im Jahre 908, die angebahnte Entwicklung zu einem kraftvollen und selbständigen Stammesherzogtum ab. Nach einigen Jahren erbitterter Kämpfe kam das Herzogtum Thüringen an den Sachsenherzog (und späteren deutschen Kaiser) Heinrich (I.), um erst 100 Jahre später, unter der Regierung Kaiser Heinrichs II. — der sich als Ludolfinger mehr auf Bayern und Franken als auf Sachsen und Thüringen stützte — wieder von der Verbindung mit Sachsen gelöst zu werden. Thüringen ward wieder unabhängig mit selbst erwähltem Herzog (Eckardt, einem Markgrafen von Meißen) an der Spitze.

Doch auch von hier aus sollte der thüringische Stamm nicht zu seiner politischen Einheit und Selbständigkeit gelangen. Alle Einheitsbestrebungen gingen in den fast hundertjährigen Kämpfen (Zehntstreit usw.) unter, welche bald nach dem Aussterben der Eckardtiner (1046) Thüringen erfüllten und den aufkommenden Sondergewalten die Wege ebneten. Mit dem Verfall der Königsgewalt (seit dem 9./10. Jahrhundert) machten sich auch die niederen Reichsbeamten, namentlich die Grafen, selbständig. Bereits im 11. Jahrhundert war die Erblichkeit der Grafenämter wie der Dienstlehen der königlichen und bischöflichen Ministerialen Rechtsgrundsatz geworden. Die Grafen suchten in ihren Amtsbezirken möglichst die Grundherrschaft[1] an sich zu ziehen, Ministerialen und einfache Grundherren erwarben Grafentitel und -Rechte und verschafften sich so die territorialen und rechtlichen Grundlagen für eine eigene Landesherrschaft. Durch Immunitätsverleihungen an Klöster und geistliche Herren war die fränkische Grafschaftsverfassung längst durchbrochen. Überall im Lande und namentlich an den Ausgängen der Thüringer Waldtäler entstanden jetzt (11./12. Jahrhundert) Burgen und befestigte Edelsitze. Dank der schon erwähnten hundertjährigen Kämpfe und inneren Wirren von der Mitte des 11. bis zur Mitte des 12. Jahrhunderts setzten sich die aufstrebenden kleinen Dynastengeschlechter immer fester in den Sattel, und bereits für den Anfang des 12. Jahrhunderts lassen

[1] Die Grundherrschatt in Thüringen ist eine Begleiterscheinung des fränkischen Regiments, indem die thüringischen Bauern besonders der drückenden Heerespflicht wegen seit Karl dem Großen in Abhängigkeit von größeren Grundbesitzern geraten. Doch war die Zahl der freien Bauern am Anfang des 11. Jahrhunderts noch sehr beträchtlich.

sich in Thüringen gegen 20 selbständige Grafen und Herren mit eigenen, meist kleinen Territorien nachweisen.

1130 wurde das (kurz zuvor wieder neu errichtete) thüringische Landgrafenamt dem mächtigsten der einheimischen Grafen verliehen, dem Grafen Ludwig III. aus dem Schauenburger Hause [1], welcher im Westen und Norden von Thüringen ein großes Herrschaftsgebiet besaß mit der Wartburg als Mittelpunkt. Trotz mannigfacher Anläufe (namentlich unter dem vom Sängerkrieg auf der Wartburg bekannten Landgrafen Hermann von Thüringen) vermochte auch dieses länderreichste einheimische Geschlecht die ihm nebengeordneten Grafen und Herren nicht unter seine Lehnshoheit zu zwingen und das noch vorhandene Reichsgut seinem Territorium einzuverleiben, um auf diese Weise einen thüringischen Einheitsstaat zu schaffen. Als mit Heinrich Raspe der Mannesstamm des Landgrafenhauses im Jahre 1247 ausstarb, bestanden in Thüringen etwa 30 weltliche und geistliche Territorien, von denen gegen 10 Anteil am Thüringer Walde hatten.

In die sogenannte Landgrafenzeit (1130—1247) fällt recht eigentlich auch die Entstehung der zahlreichen thüringischen Städte, mit deren Bürgerschaften ein neuer politischer Faktor auf den Plan tritt. Als erste Anfänge der thüringischen Städte sind nachweisbar Wallburgen (Nordhausen, Allstädt, Wallhausen, Frankenhausen usw.), königliche Villen (Gotha, Mühlhausen, Saalfeld usw.), kirchliche Stiftungen und im östlichen Thüringen namentlich Grenzfesten und Burgwardeien (Kammburg, Kirchberg, Orlamünde, Gera, Zeitz usw.). Jene allgemeinwirtschaftlichen Impulse, welche für die damals in ganz Deutschland lebhaft einsetzende Stadtentwicklung als maßgebend anzusehen sind, waren auch hier wirksam: der vollendete Ausbau des altbesiedelten Volkslandes und die Tatsache, daß seit den Kreuzzügen Deutschland Durchzugsgebiet für den Welthandel zwischen der Levante und Nord-, Nordwest- und Nordosteuropa wurde. Dabei war die Mittellage Thüringens zwischen Süd- und Norddeutschland, zwischen dem wirtschaftlich weiter entwickelten Westen und den östlichen Kolonisationsgebieten ein förderndes Moment für die Entstehung zahlreicher Meß- und Stapelplätze in Innerthüringen, allen voran Erfurt. Daß Thüringen aber zu einer der städtereichsten Landschaft Deutschlands wurde, hat außer in der hohen Bodenfruchtbarkeit des platten Landes und der günstigen verkehrsgeographischen Lage nicht zuletzt seinen Grund in der vielgestaltigen politischen Entwicklung des Landes, der Herausbildung besonders zahlreichen Dynastengeschlechter, von denen jedes den Ehrgeiz nach einer eigenen Miniaturresidenz besaß.

---

[1] Stammsitz wahrscheinlich die Schauenburg bei Friedrichroda.

Nach dem Anfall der erledigten thüringischen Landgrafschaft an das Haus Wettin[1] im Jahre 1247 verlief die politische Entwicklung Thüringens 250 Jahre lang in der Richtung steigender Konsolidation, indem durch Erbschaft, Heirat und glückliche Kämpfe beträchtliche Teile des bisher nicht landgräflichen Thüringens den wettinischen Landen angegliedert wurden. Als das Haus Wettin[2] in der zweiten Hälfte des 15. Jahrhunderts den Höhepunkt seiner Macht und territorialen Ausdehnung erreicht hatte, war die größere Hälfte von Thüringen wettinisch.

Dieser letzte Anlauf zur politischen Einheit Thüringens wurde durch die denkwürdige Zweiteilung des wettinischen Herrschaftsgebietes vom Jahre 1485 (ernestinische und albertinische Linie) wieder unterbrochen, und infolge späterer wiederholter Unterteilungen, namentlich in den ernestinischen (= thüringischen) Landen verlief der politische Entwicklungsprozeß immer mehr in der Richtung zunehmender territorialer Zersplitterung, um sich schließlich im 17./18. Jahrhundert im Kleinfürstentum zu verlieren. Es erübrigt sich, diesen Vorgang bis in alle Einzelheiten zu verfolgen. Für die Zwecke dieser Untersuchung genügt die Angabe, daß 1680 in Thüringen und dem Thüringer Wald nahen fränkischen Gebieten, abgesehen von den Grafschaften, den geistlichen und reichsstädtischen Territorien allein 13 sächsische Fürstentümer bestanden[3]. In der ersten Hälfte des 18. Jahrhunderts zählte man in Thüringen, einem Gebiete so groß wie eine preußische Provinz, 27 Hofhaltungen und Regierungen neben einer geistlichen Statthalterschaft, zwei Reichsstädten und vier fremden Herrschaften (Hessen, Hannover, Bayreuth, Brandenburg)[4]. Jeder Kleinfürst besaß eine eigene Residenz mit glänzendem Hofstaat und kostspieligem Militär- und Beamtenapparat. Die Pracht der Hofhaltung, die teuren politischen Unternehmungen der absoluten Fürsten und die Sportelsucht der Beamten sogen am Mark des Volkes; die Bauernschaft namentlich litt sehr unter der für Thüringen charakteristischen Amtshörigkeit. Allerdings ergaben sich aus dem steigenden Geldbedürfnis verbunden mit den merkantilistischen Anschauungen der Kleinfürsten des 17. und 18. Jahrhunderts bedeutsame Impulse für die gewerbliche Entwicklung des Landes, wie ganz besonders auch des Thüringer Waldes, indem die Regierungen — vor allem der eingehenden Erbzinsen wegen — bei der Errichtung von Mühlen, Glas- und Porzellanmanufakturen, bei Anlegung von Bergwerken usw. sehr bereitwillig Konsens erteilten, oft selbst die Initiative ergriffen, regelmäßig aber

[1] Seit 1089 im Besitz der Mark Meißen.
[2] Erhielt 1423 die sächsische Kurwürde.
[3] Devrient, a. a. O. S. 115.
[4] Devrient, a. a. O. S. 117.

durch Anweisungen auf ihre Forstbestände die Unternehmungen wirksam förderten. Freilich litten die großgewerblichen Betriebe bis zum Anschluß der thüringischen Staaten an den Zollverein unter den Schranken der allzu engen Landesgrenzen sehr; doch davon im einzelnen später im wirtschaftsgeschichtlichen Teil.

Mit der allgemeinen Aufnahme der Primogeniturordnung in die fürstlichen Hausgesetze am Ende des 18. und Anfang des 19. Jahrhunderts wurde dem schon zu weit gediehenen Prozeß der territorialen Zersplitterung endlich Halt geboten. Seitdem hat sich das politische Kartenbild nicht mehr wesentlich geändert, so daß sich Thüringen — besonders in seiner südlichen Hälfte — bis auf den heutigen Tag den Zustand mittelalterlicher und nachmittelalterlicher deutscher Kleinstaaterei getreulich bewahrt hat.

Erster Teil.

Der Thüringer Wald.

A. Besiedelungs- und Wirtschaftsgeschichte des Thüringer Waldes i. e. S.

I. Von den ältesten Zeiten bis 1450/1500.

1. Siedelungstätigkeit auf landwirtschaftlicher Grundlage.

Die germanische Besiedelung Thüringens ging nachweisbar aus von den Unterläufen der Saale, Elster, Unstrut und Helme und der uralten Heer- und Völkerstraße, welche saaleaufwärts über Sulza, dann Weimar, Erfurt und Gotha nach dem natürlichen Ausgangstor aus dem Thüringer Becken bei Eisenach verläuft. Dort liegen auch die ältesten Ortsanlagen auf a, ach, mar, lar usw., deren Gründung in die Zeit vom Abzug der Kelten bis etwa 400 n. Chr. zu verlegen ist.

Der weitere Gang der Besiedelung war im großen und ganzen durch die Orographie der Landschaft vorgezeichnet.

Bekanntlich zerfällt die Thüringer Triasmulde in eine Anzahl flacher Wannen. Deren aufgebogene Ränder stellen die wasserarmen Thüringer Muschelkalkhöhen (Schmücke, Finne, Hainleite, Fahnersche Höhe, Hainich usw.) dar, und die Böden jener Wannen bilden mit ihren herabgeschwemmten Humusbestandteilen, ihrer Keuper- und Lößbedeckung zusammen mit den Talniederungen der Unstrut, Gera und Helme die fruchtbaren Acker- und Gartenbaugebiete Innerthüringens. In diesen gesegneten Auen liegen dicht gedrängt volksmäßige Haufendörfer mit Gewannfluren auf stedt, leben, hausen, dorf usw. (Gründungszeit 200 bis 800 n. Chr.).

Von hier aus drang die Siedelungstätigkeit in immer weniger fruchtbare Lagen vor, nach den Abhängen der Muschelkalkzüge, nach den waldreichen Buntsandsteinbergen und schließlich in die hohen Randgebirge, den Harz und Thüringer Wald selbst.

Auf allen Seiten ist der eigentliche Thüringer Wald (d. h. innerhalb des Zechsteinbandes) von Buntsandstein umgeben. Als steriles Waldland trägt diese Umrahmung noch heute eine dichte, mit den Forstbeständen des eigentlichen Gebirges zusammenhängende Walddecke, aus welcher die gerodeten Fluren sich inselartig abheben; so vor allem an der ganzen SW-Abdachung.

In den mittleren Teilen des NO-Abhanges (südlich und südwestlich von Gotha), wo das Buntsandsteinband nur schmal entwickelt ist (und bei Friedrichsanfang ganz fehlt), und der fruchtbare Keuper auf einer Strecke von 30 km hart an den Gebirgsfuß herantritt, erstreckte sich die Waldbedeckung einst weit über die Buntsandstein- und Muschelkalkgrenze hinaus ins ebenere Vorland. Noch vor dem Zeitalter der großen Rodungen im altbesiedelten Volksland (9. Jahrhundert) stieß der Waldessaum an die Gewannfluren der altgermanischen Haufendörfer Schwabhausen, Emleben, Leina, Wahlwinkel, Hörselgau, Fröttstädt, Mechterstädt. Später, d. h. wahrscheinlich bald nach dem Eindringen der fränkischen Eroberer ins Thüringer Land (7. bis 9. Jahrhundert) wurde der Wald auf der ganzen Linie zurückgedrängt bis an den Gebirgsfuß. Das zwischenliegende Gebiet trägt fast ausschließlich Siedelungen, die teils durch Ortsplan und Flureinteilung, teils durch ihre Namen verraten, daß sie auf ehemaligem Waldland als Rodungen angelegt wurden, so Gräfenroda, Frankenhain, Gräfenhain, Nauendorf, Petriroda, Wipperoda, Gospiteroda, Ernstroda, Rödichen, Ibenhain, Langenhain, Sondra, Deubach u. a. Ebenso weisen zahlreiche Wüstungs- und Flurnamen auf die einstige Waldbedeckung hin.

Über die Gründungsumstände jener Orte ist Urkundenmaterial nicht erhalten; doch läßt sich die Zeit ihrer Anlage ungefähr bestimmen. Orte wie Petriroda, Gospiteroda usw. dürften kurz vor oder im Anfange des Zeitalters der großen Rodungen gegründet worden sein, denn ihre Fluren grenzen an diejenigen der älteren Gewanndörfer, ihre Ortspläne haben noch unregelmäßigen, „haufenartigen“ Charakter, und die Flureinteilung lehnt sich nach den Grenzversteinungen auf den vor der Separation aufgenommenen Urkarten [1] ebenfalls noch an die Flureinteilung der benachbarten Gewanndörfer an. Je mehr man sich dem Gebirgsfuß nähert, desto jugendlicher erscheinen die Rodedörfer. Die Kolonisationstechnik hatte sich inzwischen verbessert, die Gehöfte wurden regelmäßig ein- und zweizeilig angeordnet und die Gemarkung unter Vermeidung der Gemenglage der Hufenanteile nach Art der Reihendörfer aufgeteilt. Kommt z. B. die Flur des heute stark industrialisierten Langenhain in ihrem Zustand vor der Separation einer Waldhufendorfgemarkung schon nahe, so sind Deubach und Sondra — und jenseits der Hörsel Kahlenberg — wahre Schulbeispiele für echte Reihendörfer. Sie

[1] Im Archiv des gothaischen Katasteramtes.

haben sich ihren landwirtschaftlichen Charakter bis heute bewahrt, und durch zähes Festhalten an der für Thüringen eine bemerkenswerte Ausnahme bildenden Anerbensitte im Erbgang ist die altüberkommene Hofanlage und Waldhufeneinteilung unverändert bis auf uns gekommen: auf der Talsohle die stattlichen Bauerngehöfte in wohlerhaltener thüringisch-fränkischer Bauart und hinter jedem das zugehörige Wiesen-, Acker- und Waldland in einem geschlossenen, die ganze Gemarkung durchlaufenden Streifen.

Merkwürdig ist nun, daß der eigentliche Thüringer Wald i. e. S. frei bleibt von solchen Reihendörfern und anderen planmäßig angelegten Rodungen von mittlerer oder etwas beträchtlicherer Größe. Man trifft sie erst wieder an östlich der Linie Amt Gehren—Altenfeld—Lichtenau, also östlich jener wichtigen Gesteinsgrenze, an welcher die Eruptivgesteine des Rotliegenden aufhören und die Schiefer der Grauwacke beginnen.

Diesen Tatbestand kann man auch schon aus dem Übersichtsplan des Kartenbandes zu August Meitzens Werk „Siedelung und Agrarwesen usw.“ herauslesen. Dort bedeckt er die Sudeten, das Riesengebirge, das Erz- und Fichtelgebirge, den Frankenwald und einen Teil des Thüringer Waldes mit Waldhufendörfern, und zwar den Thüringer Wald von Osten her bis zu unserer Gesteinsgrenze Amt Gehren, Altenfeld, Lichtenau. Den ganzen Thüringer Wald i. e. S. läßt er frei — ohne in seinem Werke eine Erklärung zu geben.

Sie liegt nach meinen Untersuchungen in folgenden Richtungen. Zunächst wohl in den politischen Verhältnissen der damaligen Zeit.

Jene Jahrhunderte, in denen eine energische Besiedelung des Thüringer Waldes durch grundherrliche Ansetzung von Zinsbauern hätte stattfinden können (10. bis 12./13. Jahrhundert) waren Zeiten der Auflösung der fränkischen Grafschaftsverfassung und der Herausbildung zahlreicher selbständiger Dynastengeschlechter, welche nur dem Schildesamt lebten und sich fernab von aller wirtschaftlichen, also auch der kolonisatorischen Arbeit hielten; von einigen schwachen Versuchen der Rodetätigkeit abgesehen, beschränkte sich das Interesse der Grafen und Herren, soweit sich ihre Territorien auf das Gebirge erstreckten, bei der Ausnutzung ihrer Waldanteile im wesentlichen darauf, an den Talausgängen, dort wo die verkehrsreichen Waldstraßen vom Gebirge ins Vorland hinabstiegen, Burgen und Edelsitze anzulegen mit nach dem Rennsteig zu vorgeschobenen Warttürmen. Solcher Burgen gab es am Gebirgsfuß etwa 20. Freilich wurden sie bald zu gefürchteten Raubnestern, und die Mehrzahl von ihnen scheint bei jener Gelegenheit zerstört worden zu sein, als Rudolf von Habsburg, während er 1290 fast ein Jahr lang in Erfurt glänzenden Hof hielt, streng mit den wappentragenden Wegelagerern ins Gericht ging und über 60 thüringische Ritterburgen brechen ließ.

Der Hinweis auf die politischen Verhältnisse des 10. bis 12./13. Jahrhunderts genügt indessen nicht, um die minimale Rodetätigkeit auf dem Thüringer Wald i. e. S. befriedigend zu erklären. Das geht auch aus folgendem hervor.

Am Ende des 11. und 12. Jahrhunderts wurden am Nordrande des Thüringer Waldes die Rodeklöster Reinhardtsbrunn und Georgenthal angelegt und ihren Klosterterritorien umfangreiche und verhältnismäßig fruchtbare Teile der nördlichen Gebirgsabdachung einverleibt. Beide Abteien, namentlich das Cisterzienserkloster Georgenthal haben, getreu ihren Ordensregeln, die bis dahin versumpften und verwachsenen Talböden ihres Waldanteils in Wiesengründe verwandelt, Straßen angelegt und an verkehrsreichen Gebirgsübergängen Hospize errichtet. Dagegen nutzten sie ihren Waldbesitz in kaum nennenswertem Maße durch Rodung und Auslegung von Bauernstellen. Im Thüringer Wald besaßen sie — bei einem gewaltigen Streubesitz im ganzen übrigen Thüringer Land — nur einige wenige Hufen, deren Besitzer dem Mutterkloster zinsten; und gar Waldhufendörfer hat es in den Klosterterritorien wie auf dem übrigen Gebirge überhaupt nicht gegeben, nur eine geringe Anzahl kleiner, weilerartiger Rodeanlagen.

Nach alledem sind es wohl in erster Linie natürliche Faktoren gewesen, die einer intensiven Rodetätigkeit und Bauernansiedelung im Thüringer Wald i. e. S. entgegenstanden. Und darauf weist allerdings die oben schon erwähnte auffällige Tatsache hin, daß die Waldhufendörfer am Gebirgsfuß und dann namentlich an jener markanten geologischen Grenze Halt machen, welche in der Richtung Amt Gehren — Lichtenau verläuft und die Porphyre, Porphyrite usw. des nordwestlichen und zentralen von den silbergrauen Schiefern des südöstlichen Thüringer Waldes trennt. Jene Reihendörfer meiden offensichtlich das Ur- und Eruptivgestein, einmal weil deren Verwitterungsprodukte eine nur dünne und fast sterile Ackerkrume ergeben. Dann aber vor allem aus orographischen Gründen. Je härter eine Gesteinsart, um so schroffer die Reliefformen, die Berg- und Talbildungen. Porphyr, Porphyrite, Melaphyre usw. sind aber außerordentlich widerstandsfähig, und so kommt es, daß die Oberfläche des Thüringer Waldes i. e. S. stark zerrissen erscheint, in tiefe enge Täler und hohe, schmale Seitenkämme zerteilt wurde, welche beide die Anlage von Bauerndörfern nicht zuließen; es gab dort einfach keinen Platz für größere Fluren.

Demgegenüber bildet das weiche Triasgestein des Thüringer Waldvorlandes sanftgewellte Oberflächenformen, breite

Täler mit flachgeböschten Talhängen, welche der Anlage von Reihendörfern mit umfangreicheren Gemarkungen keine Schwierigkeiten entgegensetzten.

Ähnlich im südöstlichen Thüringer Wald und Frankenwald, die wir bereits als ein monotones Hochplateau mit sanftgerundeten Bodenwellen kennen, welche geradezu anreizten zu bäuerlicher Besiedelung. Sie sind denn auch dicht besetzt mit typischen Reihendörfern auf —itz, —dorf, —bach, —gereuth, —geschwenda, im östlichen Frankenwald namentlich auf —grün (ca. 30 Orte) und —reuth (ca. 35 Orte), welche nach 900 von deutschen Grundherren planmäßig angelegt und mit deutschen und slavischen Bauern besetzt wurden.

Die Zeit der großen Rodungen ging indessen nicht ganz spurlos am Thüringer Wald i. e. S. vorüber. Doch was sich an Rodungen mit rein oder doch vorwiegend landwirtschaftlicher Basis durch urkundliches Material aus dem 11. bis 13. und 14. Jahrhundert nachweisen läßt, hatte nur den Umfang von Einzelhöfen und weilerartigen, ganz unscheinbaren Walddörfchen. Aus solchen Ortsanlagen gingen z. B. die folgenden Walddörfer hervor: Rotterode, Bermbach, Helmershof, Struth, Tambach, Dietharz, Catterfeld, Altenbergen, Finsterbergen, Friedrichroda, Seebach, Winterstein, Schwarzwald, Brotterode, Zella-Mehlis usw.[1]. Sie alle liegen bezeichnenderweise auf Rotliegendem oder (leicht verwitterndem und weite Mulden bildendem) Granit (Brotterode, Zella-Mehlis), meiden dagegen den harten und sterilen Porphyr. Villa, villula, viculus, villula silvatica sind die Ausdrücke, mit denen jene Orte bei der ersten urkundlichen Nennung belegt werden. Wie es die Örtlichkeit nicht anders zuläßt, besitzen sie mit wenigen Ausnahmen bis auf den heutigen Tag winzige Fluren, die nur einigen wenigen Bauernfamilien ausreichenden Unterhalt gewähren konnten. Doch ist anzunehmen, daß die Einwohner jener Siedelungen von allem Anfang nicht ausschließlich Bauern waren. Brotterode, Schwarzwald, Dietharz, Friedrichroda lehnen sich an Burgen an, so daß Forstleute und Jagdgehilfen vermutlich einen Teil der Einwohnerschaft gebildet haben. Catterfeld, Friedrichroda, Seebach, Schmerbach u. a. liegen auf dem schmalen Zechsteinband, dessen Erzreichtum zu bergbaulicher Tätigkeit anregte. Im einzelnen muß ich auf Regel verweisen, der für jeden Ort die verschiedenen Einflüsse bei der Gründung in Betracht zieht.

Soviel aber läßt sich als Fazit der bisherigen siedelungs- und wirtschaftsgeschichtlichen Untersuchungen mit aller Bestimmtheit sagen, daß es in lebhaftem Gegensatz zum südöstlichen Thüringer Wald und Frankenwald auf dem Thüringer Wald i. e. S. nicht nur keine Waldhufendörfer gab, sondern

---

[1] Vgl. Regel, Peterm.

daß hier überhaupt nur eine ganz geringfügige, im Rahmen der Wirtschaftsverfassung dieses Waldgebirges kaum ins Gewicht fallende Bauernbesiedelung stattgefunden hat.

Diese verschiedene Fähigkeit zur Aufnahme einer bäuerlichen Bevölkerung hat für den weiteren Verlauf der Wirtschaftsentwicklung auf den beiden Gebirgsgliedern bedeutsame Folgen gehabt. So ruht die spätmittelalterliche und neuzeitliche Wirtschaftsentwicklung des südöstlichen Thüringer Waldes und Frankenwaldes überwiegend auf agrarischem Unterbau, der intensiven bäuerlichen Besiedelung daselbst entsprechend. Die Wirtschaftsgeschichte dieser Gebirgsabschnitte seit dem 15./16. Jahrhundert ist mit wenigen Ausnahmen die Geschichte der Industrialisierung der dortigen Waldhufendörfer.

Auf dem Thüringer Wald i. e. S. fehlt wie gesagt jenes breite agrarische Fundament. Die eigentliche intensive Besiedelung und die Herausbildung der heutigen Thüringer Waldorte beginnt hier erst Hand in Hand mit einer lebhaften gewerblichen Entwicklung, welche im 13. Jahrhundert, vor allem aber um 1450 einsetzt, und so kommt es, daß die Besiedelungs- und Wirtschaftsgeschichte dieses Gebirgsabschnittes in der Hauptsache Gewerbegeschichte ist — zu deren Darstellung wir nunmehr übergehen.

2. Gewerbeentwicklung bis 1450/1500.

Der Erzreichtum des Thüringer Waldes i. e. S. reizte früh zur Besiedelung. Während der Edelmetallbergbau, soviel wir wissen, nie eine namhafte Rolle gespielt hatte, erlangte der Kupfer- (und -Kobalt) und namentlich der Eisenerzbergbau eine um so größere Bedeutung.

Eisenerzbergbau und -verarbeitung ist schon für das frühe Mittelalter nachgewiesen, und es steht außer Zweifel, daß der Thüringer Wald mit Bergbau usw. in Beziehung stehende menschliche Ansiedelungen trug, lange bevor die mittelalterliche Rodetätigkeit vom Vorland her bis nach dem Gebirgsfuß vorgedrungen war [1]. Urkundlich zuerst erwähnt wird die Eisengewinnung von Vesser aus dem Jahre 900.

Im übrigen besitzen wir wenig Quellen- und Literaturmaterial über den Eisenbergbau und die damit zusammenhängenden Siedelungen bis zur Zeit des großen Aufschwunges um 1450. Es hängt das u. a. namentlich mit dem damaligen Stand der Technik zusammen, welcher den Eisenbergbau zu einem fluktuierenden Gewerbe machte. Damals war die Zeit der „Waldschmiede“, welche — Bergmann, Eisenschmelzer und Schmied in einer Person — oben auf den waldreichen Bergrücken, wo die erzführenden Schichten zu Tage aus-

---

[1] L. Beck, II, S. 753 f.

strichen, ihre Schmelzöfen anlegten, in denen sie die im Tagebau gewonnenen Erze ohne Verwendung von Wasserkräften ausbrachten und das zähflüssige, nur schmiedbare Roheisen (Luppe) gleich an Ort und Stelle weiterverarbeiteten. Wenn der Erzabbau über Tag nicht mehr lohnte oder zu mühsam wurde (Stollen- und Schachtbau kam erst im 15. Jahrhundert auf) und die Holzbestände im Umkreis abgeschlagen waren, brach der Waldschmied seine Arbeitshütten und Vorratsschuppen ab und ließ sich an einer anderen erzfündigen Stelle nieder. Bei dieser primitiven Technik wird es verständlich, daß die Eisengewinnung keine größeren Dimensionen annahm, nur wenig Menschen beschäftigte und bei ihrem Wandergewerbecharakter nicht leicht ortsbildend auftreten konnte. Daher lassen sich auch für jene Zeit weniger bestimmte Eisenindustrie o r t e, als vielmehr Eisenbergbau- und -industrie-G e b i e t e nachweisen, wo das Erzvorkommen besonders reichlich war und die Wohnplätze nach Zahl und örtlicher Verteilung einem starken Wechsel unterlagen. Obwohl damals zweifellos das ganze Waldgebirge nach Eisenerz durchwühlt wurde, so waren doch die folgenden Plätze die ergiebigsten: die Gegenden von Vesser-Schmiedefeld, Suhl, Ilmenau-Elgersburg, Ruhla-Eisenach, Steinbach-Schweina und Seligenthal. In der näheren Umgebung von Steinbach-Schweina werden im Jahre 1330 etwa 20 Siedelungen genannt, die in ihrer Mehrzahl mit Eisenbergbau und Eisenverarbeitung in Beziehung zu bringen sind, aber schon im 16. Jahrhundert auf drei größere Orte zusammengeschmolzen waren. Ähnlich in den übrigen eisenerzreichen Gebieten, deren wenige aber große Orte von heute auch erst das Produkt späterer Jahrhunderte sind. Wir kommen unten darauf zurück.

Der Kupferbergbau des Thüringer Waldes beschränkte sich im wesentlichen auf das breit entwickelte Zechsteinband am Südabhang des nordwestlichen Gebirgsausläufers, und die dort liegenden Siedelungen Förtha, Wolfsburg, Eckardtshausen, Kupfersuhl, Möhra usw.[1] stehen mit ihm in Beziehung. Am Ausgang des Mittelalters war er indessen schon im Niedergang begriffen: Luthers Eltern wanderten ja aus Möhra ins mansfeldische Kupferbergbaugebiet aus, weil sie dort besseren Verdienst erhofften.

Straßenwesen und Fuhrverkehr haben im Wirtschaftsleben des Thüringer Waldes i. e. S. von jeher eine bedeutsame Rolle gespielt dank der sehr günstigen verkehrsgeographischen Lage unseres Gebirges gegenüber dem Austauschverkehr zwischen S-, SW-, N- und NO-Deutschland.

Da sich die Lokalforschung bereits eingehend und erfolgreich mit dem mittelalterlichen Straßennetz und Geleitswesen

---

[1] Vgl. Regel, Peterm.

des Thüringer Waldes i. e. S. beschäftigt hat[1], so kann ich mich kurz fassen.

Allgemein ist zu sagen, daß der Aufbau des Gebirges dem Passageverkehr relativ wenig Hindernisse entgegensetzte. Der Gebirgszug fällt nach beiden Seiten dachförmig ab, nicht etwa — wie z. B. das Erzgebirge — mit einem Steilabsturz nach der einen oder anderen Seite. Der Hauptkamm verläuft in mäßiger relativer und absoluter Höhe, und die unter sich parallelen Seitentäler liegen mit nur einer Ausnahme in der Zugrichtung der aus S- und SW-Deutschland kommenden Heer- und Handelsstraßen.

Naturgemäß überschritten die ältesten, frühmittelalterlichen Verkehrswege das Waldgebirge dort, wo es am flachsten ist, in seinem nordwestlichen Ausläufer und seinen östlichen Teilen. Erst mit zunehmenden Handels- und Verkehrsbeziehungen seit den Kreuzzügen, der Herausbildung zahlreicher Städte, Märkte und Stapelplätze namentlich auch in den Thüringer Waldvorlanden und dem Einfluß kirchlicher und dynastischer Interessen südlich und nördlich vom Gebirgswall wurde der Thüringer Wald seit dem 11. bis 13. Jahrhundert mehr und mehr in seiner ganzen Ausdehnung von Verkehrsstraßen überzogen. Bereits im 15. Jahrhundert ist das alte Straßennetz vollständig ausgebaut. Ein Geleitsregister aus dem Jahre 1441[2] führt, ohne auf die zahlreichen Beigeleitswege einzugehen, vier Hauptgeleitsstraßen an, welche den Gebirgskamm von S und SW her überschreiten und strahlenförmig auf Gotha und auf Thüringens Hauptstapelplatz und Sitz des sächsischen Hauptgeleites, auf Erfurt zulaufen.

Bis ins 11. Jahrhundert vermieden die Straßenzüge bei Überschreitung des Gebirges die noch unwegsamen und versumpften Täler, benutzten vielmehr die trockenen, wenn auch steinigen Rücken der Seitenkämme. Erst mit zunehmender Siedelung im Gebirge, und nachdem die Rodeklöster seit dem 11./12. Jahrhundert ihre Kulturtätigkeit entfaltet hatten, die Täler austrockneten, die Talböden in nutzbare Wiesengründe verwandelten, Verbindungswege mit Mutter- und Schwesterklöstern schufen, wurden die Waldstraßen mehr und mehr von den Kämmen in die Täler verlegt.

Dort, wo die verkehrsreichsten Straßenzüge aus der Ebene in das Gebirge aufstiegen, errichteten die aufkommenden thüringischen Dynastenfamilien des 11./12. Jahrhunderts Burgen und befestigte Edelsitze — oft mit weit nach dem Rennstieg zu vorgeschobenen Wart- und Wachttürmen[3]. Gewöhnlich

---

[1] Vgl. das Literaturmaterial S. X.
[2] Ges. A., Cc. S. 270, 2. Bd., Erfurt 1.
[3] Siehe S. 13.

entstanden unterhalb jener Befestigungen kleine Ansiedelungen (Burgzinser, Jagd- und Forstleute), von denen eine Anzahl infolge günstiger Umstände und nachdem die Burgen längst verfallen waren, zu größeren Orten auswuchsen (Schwarzwald, Dietharz, Friedrichroda, Winterstein, Auwallenburg, Steinbach-Hallenberg u. a. m.), in welchen das Fuhrmannsgewerbe gewöhnlich eine große Rolle spielte.

Die Prämonstratenser, Wilhelmiter und Cisterzienser Mönchsorden legten an wichtigen Punkten der meistbenutzten Waldstraßen, vor steilen Aufstiegen oder auf den Höhen der Paßübergänge Hospize, Klausen und Kapellen an zur Pflege des leiblichen und geistigen Wohles der Kaufleute und Reisenden, welche das bis ins 13. Jahrhundert noch recht menschenleere und urwaldmäßige Gebirge überschritten. Wo die Vorbedingungen gegeben waren, wurden auch jene frommen Gründungen später vielfach Ausgangspunkte für die Entstehung von Waldorten (Frauenwald, Nesselhof, Eppichnellen usw.[1])."

Die Zeit des 12. und namentlich 13. Jahrhunderts war für die Thüringer Waldvorlande eine Periode lebhafter Umbildung nicht nur in politischer, sondern auch in wirtschaftlicher Hinsicht, die rückwirkend nicht ohne befruchtenden Einfluß auf das Wirtschaftsleben des Thüringer Waldes gewesen sein kann.

Damals ging in Thüringen der Prozeß der Auflösung der altfränkischen Grafschaftsverfassung seinem Ende entgegen. Ein Gewirr von kleinen und kleinsten selbständigen Territorien war das Ergebnis. Gleichzeitig wurde die alte Grundherrschaft zur Landes- und bloßen Rentenherrschaft. Die Grafen und Herren hatten nur noch Interesse an der Macht und dem Glanze ihres Hauses und angestammten Familiensitzes, ließen sich für den eigenen Unterhalt ein Gut vom Umfange eines großen Bauernhofes bewirtschaften und liehen den übrigen Besitz an thüringische Bauern aus, die sich gerade damals (13. Jahrhundert) einer weitgehenden persönlichen Unabhängigkeit erfreuten und deren Beziehungen zu ihren Grund-, Gerichts- und Landesherren sich in ein Konglomerat von Geldrentenverpflichtungen auflösten. Damals ging die thüringische Bauernschaft in den klimatisch bevorzugten Landesteilen auch schon in starkem Maße zur Spezialkultur und zum Handelsgewächsbau über. Vor den Toren Erfurts züchtete man Samen- und Gemüsepflanzen und in den übrigen guten Lagen des Thüringer Beckens baute man Flachs, Safflor, Krapp und namentlich Waid in großen Mengen an[2]. Absatzgelegenheit bot sich nach den zahl-

[1] Siehe bei Regel unter Frauenwald, Nesselhof usw.

[2] Grabein, Vererbung des ländl. Grundbesitzes in der Prov. Sachsen, S. 60 f. und „Thüringer Landeskunde“ III, S. 9.

reichen im 13. Jahrhundert blühenden Städten Thüringens, die — wie erwähnt — meist wichtige Stapelplätze und Knotenpunkte eines weitverzweigten Straßennetzes waren und auf der Grundlage der Rohstoffzufuhr vom Flachlande und dem Walde her eine rege, über die lokalen Bedürfnisse hinausgehende Gewerbetätigkeit (Woll- und Leinewandweber, Tuchscherer, Färber, dann auch in den fünf Waidstädten die Waidhändler usw.) entfalteten. Die so in den Gebirgsvorlanden entstandenen zahlreichen Konsumtionszentren und Handelsplätze wurden nun aber auch die Grundlage für eine intensivere gewerbliche Entwicklung auf dem Thüringer Wald selbst. Der Absatz dorthin gab dem Bergbau, der Eisenindustrie und der Verwertung der Holzbestände, dem Straßenverkehr neue Anregungen, wenngleich es begreiflicherweise schwer hält, die Intensivierung des gewerblichen Lebens auf dem Thüringer Walde für jene frühe Zeit urkundlich eingehend zu belegen.

Um so besser ist das möglich für den großen gewerblichen Aufschwung seit 1450/1500.

II. Die Zeit von 1450/1500 bis zum Dreißigjährigen Krieg.

1. Wirtschaftsentwicklung.

Wie in anderen deutschen Mittelgebirgen in der zweiten Hälfte des 15. Jahrhunderts Bergbau und Eisenindustrie und im 16. Jahrhundert ländliche Hausindustrien und Manufakturen, namentlich Glasmanufakturen, fast stoßartig einen gewaltigen Aufschwung erleben, teils erst neu aufkommen, so auch, mit Ausnahme der Hausindustrie, auf dem Thüringer Wald i. e. S., hier sogar in ganz besonderem Maße, und zwar auf der Grundlage der besonders reichhaltigen Eisenerzlager, der unerschöpflichen Waldbestände, der starken Wasserkräfte in den gutbewässerten Gebirgstälern, sowie auf der Grundlage der günstigen verkehrsgeographischen Lage des Thüringer Waldes im Herzen Deutschlands und inmitten einer fruchtbaren, städtereichen Landschaft. Und in dieser auf dem Thüringer Wald besonders lebhaft einsetzenden gewerblichen Entwicklung ist letzten Endes wiederum die Ursache dafür zu suchen, daß der Thüringer Wald i. e. S. bei höchst ungünstigen Vorbedingungen für eine bäuerliche Besiedelung dennoch das — nach dem Erzgebirge — am dichtesten bevölkerte deutsche Mittelgebirge wurde.

Bevor ich auf Einzelheiten eingehe, betrachte ich jenen gewerblichen Aufschwung des 15./16. Jahrhunderts in größeren Zusammenhängen.

Das 13./14. Jahrhundert war die Blütezeit der mittelalterlichen Stadt. Deutschland zerfiel in geschlossene Stadtwirtschaftsgebiete, in welchen der Gewerbebetrieb noch unangefochtenes Monopol der zunftmäßig organisierten städtischen Handwerksmeister war. Bis Ende des 14. Jahrhunderts fand ja die Überschußbevölkerung des platten Landes Unterkunft in den neu eroberten Kolonisationsgebieten des slavischen Ostens. Erst als mit dem Ausgang des 14. Jahrhunderts die deutsche Expansion nach Ostelbien zum Stillstand kam und die Auswanderung aus dem westlichen Deutschland dorthin ins Stocken geriet, staute sich die ländliche Überschußbevölkerung im altbesiedelten Mutterland auf und begann das ökonomische Gleichgewicht zu stören, das verschiedene Menschenalter hindurch zwischen den Städten und ihrem agrarischen Umland bestanden hatte. Die Folgeerscheinungen sind bekannt: auf dem Lande (und da gerade wieder in Thüringen, wo die Sitte der Realteilung in der ländlichen Erbfolge herrschte) wachsende soziale Differenzierung der bäuerlichen Bevölkerung infolge von Besitzaufteilungen; in den Städten Zunftmißbräuche, die auf Verschärfung der Eintrittsbedingungen in die Zünfte, auf ein Zurückdrängen der zu zahlreich am Futterplatz Erschienenen herausliefen. Eine Entspannung, ein Aufheben des Bevölkerungsdruckes erfolgte allgemein erst um die Wende des 15. Jahrhunderts.

Der im 16. Jahrhundert aus den neuentdeckten Ländern über Portugal und Spanien nach dem übrigen Europa fließende breite Edelmetallstrom rief hier eine allgemeine Geldentwertung und Waren-Preissteigerung hervor und fachte im Zusammenhang damit das Gewinnstreben und die wirtschaftliche Unternehmungslust mächtig an. Zunftschranken und geschlossene Stadtwirtschaft werden unter Beihilfe des aufkommenden absoluten Fürstentums jetzt kühn durchbrochen. Jene eingeströmten Goldmassen und die angesammelte ländliche Überschußbevölkerung finden jetzt Anlage und Unterkunft im Bergbau und der Erz- namentlich Eisenverarbeitung, welche ganz besonders auch mit infolge Benutzung der Wasserkräfte seit etwa 1450 nun wunderbar rasch und machtvoll sich entfalten; sie finden ferner Unterkunft in den auf dem platten Lande und ebenfalls wieder in den Mittelgebirgen entstandenen Hausindustrien und schließlich in den aufkommenden (Glas-, Porzellan-) Manufakturen.

All das trifft mit Ausnahme der Hausindustrie auch für den Thüringer Wald i. e. S. zu und führt zur mittelalterlichen Blütezeit unseres Gebirges.

Bergbau und Eisenindustrie.

Die Verwendung der Kräfte des fließenden Wassers seit etwa 1450 war einer der Hauptgründe für das schnelle Aufblühen der Eisenindustrie und rückwirkend des Eisenbergbaues auf dem Thüringer Wald.

Jetzt erst steigen die „Waldschmiede" von den Bergen hinab in die Täler[1]; und wenn der Waldschmied bisher Bergmann, Eisenschmelzer und Schmied in einer Person war, so tritt nunmehr eine weitgehende Differenzierung ein. Eisenbergbau und Eisenverarbeitung werden zu selbständigen und im einzelnen wiederum sehr vielgestaltigen Gewerbezweigen.

Vom Eisenerztagebau der Waldschmiede ging man damals auf dem Thüringer Wald allgemein zum Stollen- und Schachtbau über, so daß erst seitdem der Eisenbergbau große Dimensionen annehmen und eine besondere Bergmannsbevölkerung sich in der Nähe der Gruben ansiedeln konnte. So bei und in Suhl, Zella-Mehlis, Schmiedefeld und Vesser, Steinbach-Hallenberg, Altersbach, Seligenthal-Atzerode[2], Brotterode (Mommel), Steinbach-Schweina, Ruhla, Ilmenau-Elgersburg-Manebach, Friedrichroda, wahrscheinlich auch Tambach und anderwärts[3].

Das hier gewonnene Erz wurde in den nunmehr mit Wasserkraft betriebenen Pochwerken zerkleinert, in den Schmelzhütten (Blasebälge durch Wasserkräfte angetrieben) ausgebracht und in den Hämmern und Drahtzügen zu Halbzeug verarbeitet. Besonders am Südabhang des Gebirges, wo die Eisenindustrie dank der sehr reichhaltigen Erzlager sich am machtvollsten entwickelte, waren die Unterläufe der Waldbäche dicht besetzt mit Hämmern, Schleifkothen, Hütten- und Pochwerken. Allein im Tale der Schmalkalde besaß die Schmalkaldener Stahlschmiedezunft im 16. Jahrhundert zwölf Eisenhämmer[4].

In der Nähe der Bergwerke und Hämmer, also großenteils noch zwischen den Bergen und in den mittleren und oberen Gebirgslagen siedelten sich außer der Bergknappenbevölkerung die in den Hütten und Drahtmühlen beschäftigten Schmelzer, Zainer usw. und schließlich die zugehörigen und vom Bergbau und der Eisenverarbeitung wirtschaftlich abhängigen Holzhauer, Köhler, Holz-, Kohlen- und Eisenfuhrleute an.

Die Fertigbearbeitung des Eisens geschah in den größeren Waldorten (Ruhla, Brotterode, Schmiedefeld, Steinbach, Tambach usw.), namentlich aber in den Randstädten am Süd-

---

[1] L. Beck, Geschichte des Eisens I, S. 959 f.

[2] Der Stahlberg und die Mommel, die bedeutendsten Eisenerzlager des ganzen Gebirges, erlangten erst im 15. und 16. Jahrhundert ihre große Bedeutung; vgl. L. Beck, 1, S. 755, auch Fulda, Über den Schmalkalder Bergbau (28. Bericht d. Ver. f. Naturkde. in Kassel), Kassel 1881.

[3] Viele Belege bei Regel, Peterm.

[4] Geisthirts Schmalkalder Chronik, zit. bei K. Frankenstein, S. 250.

abhang des Gebirges (Schmalkalden, Suhl usw.). Hier war der vornehmste Sitz der bis ins 19. Jahrhundert hinein zünftlerisch organisierten Eisenhandwerksmeister.

Bis zum Aufkommen der Handfeuerwaffen (nach 1500) stand die Klingen- und Schwertschmiederei überall im Vordergrund. Im 16. Jahrhundert ging man zur Herstellung anderer Artikel über: in Ruhla zur Messerschmiederei[1], in Steinbach zur Messerschmiederei, Schlosserei und Feilenhauerei[2]. Während für Stadt-Schmalkalden im Jahre 1408 zünftige Stahl-, Klingen-, Sichelschmiede und Messermacher aufgeführt werden, gab es dort Ende des 15. und im 16. Jahrhundert Hammer-, Klingen-, Scheren-, Klein-, Grob- und Nagelschmiede, im 17. Jahrhundert dazu noch Ahlen- und Löffel-, Messer- und Zangenschmiede, Feilenhauer, Bohrerschmiede, Fingerhutmacher u. a[3]. 1554 zählte man in Schmalkalden 412 selbständige Meister und Witwen (neben den an Zahl überwiegenden Eisenhandwerksmeistern die Wollweber, Lohgerber, Fleischer usw. mit eingerechnet)[4].

Suhl[5], 1406 noch ein unbedeutender Wohnplatz, besaß bereits 1474 ein Berggericht, erhielt 1509 ein Rathaus und einen Rat und wurde 1527 zur Stadt erhoben[6] — ein schneller Aufschwung, in welchem sich die fast stürmische Entfaltung der Eisenindustrie jener Gegend nach 1450 deutlich widerspiegelt. Um 1530 kam in Suhl die Musketenmacherei auf[7]. Sie entwickelte sich sehr rasch und in einigen Jahrzehnten besaß Suhl das faktische Monopol der Gewehrfabrikation für Deutschland und das übrige Europa.

Zur Durchführung ihrer aus merkantilistischem Geist geborenen Macht- und Wirtschaftsprinzipien schufen unter Vorantritt Spaniens und Italiens im 16. Jahrhundert fast alle europäischen Fürsten stehende Heere und rüsteten sie mit Feuerwaffen aus. Es entstand so plötzlich ein Massenbedarf an Musketen, Pistolen usw., welchen die Handwerksmeister in den Städten nicht mehr allein befriedigen konnten. Daher zieht sich jetzt die Waffen- und Gewehrindustrie nach den Fundorten der Roh- und Hilfsstoffe, nach den erz-, wald- und wasserreichen Mittelgebirgen — eben vor allem auch nach Suhl, Zella-Mehlis, in deren Umgebung, ebenso wie im benachbarten Schmalkaldischen, Eisenerze von unübertroffener

---

[1] E. Sax, II, S. 6; vorher dort Waffenschmiede.

[2] Regel, Peterm. S. 71.

[3] K. Frankenstein, S. 250 f.

[4] Nach Geisthirt, Chronik, abgedr. bei Häfner, III, S. 60.

[5] L. Beck, Gesch. d. Eisens, II, S. 440, „ein alter Waffenschmiedeplatz, der schon im 15. Jahrh. die fränk. Ritterschaft mit Panzern und Schwertern versehen hatte“.

[6] L. Beck, II, S. 758; Regel, Peterm. S. 84.

[7] L. Beck, II, S. 758.

Qualität und Geeignetheit zur Stahlproduktion abgebaut wurden. Im 16. und 17. Jahrhundert ward Suhl das „Zeughaus Deutschlands" genannt; ja, die beiden Städtchen am Südabhang des Thüringer Waldes — Schmalkalden und Suhl — genossen damals Weltruf: Schmalkalden, außer durch seine hervorragende Rolle im religiösen und politischen Leben jener Zeit, dank seiner „Schmalkalder Eisenartikel" (Hämmer, Zangen, Bohrer, Ahlen, Löffel usw.), Suhl durch seine Gewehre. Suhler Waffen gingen damals nach Spanien, Frankreich, Italien, den Niederlanden, der Schweiz, nach der Türkei, nach Polen u. s. f. Suhl hat von den endlosen Handels-, Kolonial- und Religionskriegen jener blutigen Zeit den größten Nutzen gehabt. Auch der Dreißigjährige Krieg wurde in der Hauptsache mit Suhler Waffen geführt.

Verwertung der Holzbestände.

Für die Vorlande war der Thüringer Wald das natürliche Holzkohlenbecken und Versorgungsgebiet an Brenn-, Nutz- und Bauholz. Jede Stadt in der Gebirgsumgebung hatte ihren Holz- und Kohlenmarkt, auf dem die Waldleute, die Holz- und Kohlenfuhrleute und Holzhandwerker ihre Produkte feilboten. So Erfurt und Gotha schon im 13. Jahrhundert.

Dazu kam der Eigenverbrauch der Thüringer Waldbevölkerung selbst, dann der Köhler und Kienrußbrenner, der Bedarf der Sägemühlenindustrie, welche im 14. Jahrhundert aufkam, und endlich — alles andere weit überragend — der der Eisenindustrie, deren glänzender Aufstieg seit 1450/1500 der Hauptgrund für die Ausbreitung jener Gewerbezweige ist, die sich mit der Gewinnung und Verarbeitung des Holzes befassen. Schätzungsweise ein Viertel der Thüringer Waldbevölkerung sind bis ins 19. Jahrhundert hinein Wald- und Holzarbeiter gewesen: Holzhauer und Köhler, Flößer, Schneidemüller, Holzhandwerker wie Büttner, Stötzer, Schindeln-, Rad-, Kannenmacher, Felgenhauer, Wagner, Schäfter, Faß-, Leiter-, Brechenmacher usw., schließlich Harzscharrer, Kienrußbrenner, Pech- und Kienölsieder.

Da auf der nordwestlichen Gebirgsabdachung Bergbau- und Eisenindustrie nur schwach entwickelt waren gegenüber der Südwestseite, so überwogen in den Walddorfschaften dort die Holzgewerbe. Winterstein, Finsterbergen, Catterfeld, Altenbergen, Dietharz, Schwarzwald u. a. sind, soweit sich ihre Geschichte zurückverfolgen läßt, in erster Linie Holzhauer-, Köhler-, Holzhandwerker — und Holzfuhrmannsdörfer. Die Hantierungen der Harzscharrer, Kienrußer und Büttchenmacher waren namentlich in Dörrberg, Arlesberg und Manebach-Kammersberg zu Hause.

Handelsstraßen[1] und Fuhrmannsgewerbe.

Wenn auch mit dem Emporsteigen Spaniens und Portugals als erste See- und Kolonialmächte Deutschland außerhalb des Hauptwelthandelsstromes zu liegen kam, die großen oberitalienischen, süddeutschen und hanseatischen Stapelplätze an Bedeutung einbüßten, so war dennoch der Fuhrverkehr auf dem Thüringer Wald bis zum Dreißigjährigen Krieg nicht weniger lebhaft. Im Gegenteil. Deutschlands Eigenhandel war inzwischen sehr erstarkt, namentlich aber bewegte sich seit etwa 1500 ein großer Teil des Warenverkehrs (die ganz schweren Güter ausgenommen) zwischen den gerade damals mächtig aufstrebenden Märkten von Frankfurt a. M. und Leipzig über die Thüringer Waldstraßen.

Der Meß- und Stapelplatz Frankfurt a. M. erlangte im 16. Jahrhundert, in direktem Zusammenhang mit jener Verschiebung des Welthandelsschwerpunktes, seine überragende Bedeutung im westdeutschen Wirtschaftsgebiet, indem die aus Spanien-Portugal, Südfrankreich und den Rhein herunterkommenden Gütermengen dort ihre Sammel- und Verteilungsstelle fanden.

Leipzig läuft im 16. Jahrhundert Erfurt den Rang ab, wird 1507 durch fürstliche Gunst Sitz des thüringisch-sächsischen Hauptgeleitsamtes, erhält drei Messen und das Recht der Bannmeile im Umkreis von 15 Meilen, innerhalb deren Erfurt lag. Dieses verlor zugleich seine Messe. Damit war aller Meß- und Großhandelsverkehr auf Leipzig abgelenkt, Erfurt, seit Karl dem Großen ein wichtiger Grenzplatz für den Handels-Verkehr mit den östlichen Slaven, trat damit seine bedeutende Handelsstellung an Leipzig ab, welches, selbst auf kolonialem Boden gelegen, nunmehr zum beherrschenden Handelsemporium des östlichen Mitteldeutschland, Polens usw. wurde.

In der Hauptsache zwischen diesen beiden Plätzen, Frankfurt und Leipzig, pendelt nun der Warenverkehr des östlichen und westlichen Mitteldeutschland, dabei neben der „Hohen Straße“ von Leipzig über Erfurt, Gotha, Eisenach, Hünfeld, Fulda, Frankfurt die alten „Haupt- und Beygeleidtsstraßen“ über das Thüringer Waldgebirge benutzend, wie sie das Geleitsregister v. J. 1441 festsetzt. Dieser Verkehr kreuzte auf den Waldstraßen und in den Vorlandstädten sich mit der Warenbewegung von Süd- nach Norddeutschland, von Nürnberg, Würzburg nach Braunschweig, Magdeburg, Bremen, Hamburg.

Da das Straßennetz sich im 16. und 17. Jahrhundert nicht wesentlich verändert hat, beschränke ich mich in

[1] Siehe Landau, Reischel und namentlich Keller a. a. O.

folgendem auf die Erwähnung der Fuhrmannsgewerbe und Fuhrmannsorte des Thüringer Waldes.

Mit dem ausgehenden Mittelalter pflegten die Großhändler nicht mehr persönlich ihre Warenzüge zu begleiten. Mit zunehmendem Markt- und Meß- und aufkommendem Kommissionshandel übertrugen sie den Warentransport besonderen Frachtfuhrmännern: meist wohlhabende Leute, welche mit eigenem Gespann und Gefährt monatelang unterwegs waren, um die großen Messen des In- und Auslandes im Auftrage von Großkaufleuten zu besuchen. Solche „Fracht- und Straßenfuhrleute“ waren in Waldorten wie Tambach, Dietharz, Schnellbach, Brotterode, Möhrenbach, Rotterode, zahlreich vertreten.

Dort, wo auf den Waldstraßen der steile Aufstieg aus dem Tale nach der Paßhöhe begann (oder wenn an der betr. Stelle keine Siedelung lag oder möglich war, im nächsten Dorf nach dem Talausgang zu [Schnellbach!]), setzten sich zahlreiche „Anspänner“ fest, welche mit ihren Pferden den ankommenden Frachtwagen bis zum Rennstieg Vorspann leisteten.

Hand in Hand mit der dichteren Besiedelung der mittleren und oberen Gebirgslagen war ein Warenaustausch mit den Rand- und Vorlandstädten und -Dörfern nötig zur Abfuhr der Walderzeugnisse (Holz, Kohlen, Pech, Eisen usw.) und Anfuhr der Produkte des Flachlandes, namentlich des Brotgetreides (kleine Waldfluren!). Diesen Austauschverkehr übernahmen Lokalfuhrleute, Pferdetreiber, Kärrner und Träger, ein Bevölkerungselement, das in jedem Waldort vertreten war.

Lokale Existenzen wie Huf- und Wagenschmiede, Radmacher, Krämer, Bäcker, Fleischer, Gasthaus- und Herbergenbesitzer hatten von dem regen Passageverkehr erheblichen Vorteil.

Alles in allem gibt das sehr entwickelte Straßenfuhrwesen gemäß der eigenartigen verkehrsgeographischen Lage unseres Gebirges und der damals schon dichten, aber gewerblichen Besiedelung desselben dem Wirtschaftsleben des Thüringer Waldes ein ganz charakteristisches Gepräge. Waren doch Plätze wie Möhrenbach, Tambach, Finsterbergen, Schwarzhausen, Etterwinden usw. nach ihrer topographischen Lage und der beruflichen Zusammensetzung ihrer Einwohnerschaft noch bis ins 19. Jahrhundert hinein ausgesprochene Fuhrmannsorte. Auf anderen Gebirgen, die — wie z. B. der Böhmer Wald — abseits von den großen Heer- und Handelsstraßen lagen und nie eine so intensive gewerbliche Entwicklung durchgemacht haben, spielte das Fuhrmannselement in allen seinen Abarten eine nicht annähernd so große oder gar keine Rolle.

Manufakturen.

1595 errichteten die beiden Emigranten Hans Greiner aus Schwaben und Christoph Müller aus Böhmen in Lauscha die erste Glashütte des Thüringer Waldes überhaupt. Da jedoch der Schwerpunkt der Entwicklung der Glasindustrie in die Zeit nach 1648 fällt, so gehe ich erst weiter unten auf sie ein.

Hausindustrien.

In der volkswirtschaftlichen Literatur liegen bis jetzt nur Einzeldarstellungen einiger weniger Thüringer Wald-Hausindustrien vor, es mangelt dagegen an einer Gesamtgeschichte derselben. Wissenschaftlich befriedigend läßt sich diese nur in organischem Zusammenhang mit der ganzen Besiedelungs- und Wirtschaftsgeschichte des Thüringer Waldes behandeln, weil die merkwürdigen Besiedelungsgrundlagen unseres Gebirges auch die Entwicklung der Hausindustrien in eine eigenartige Richtung drängten. Eine Gesamtgeschichte der Thüringer Wald-Hausindustrien unter solchen Gesichtspunkten soll in folgendem — wenn auch nur in großen Umrissen — versucht werden.

Während im 15./16. Jahrhundert die meisten deutschen Mittelgebirge mit einem Netz von Hausindustrien[1] überspannt wurden, machte der Thüringer Wald i. e. S. hiervon eine Ausnahme, aus folgenden Gründen:

Wenn den Hausindustrien auch in ihrer geschichtlichen Jugendzeit die unerfreulichen Charaktereigenschaften ausbeuterischer Schundindustrien fernlagen, so bildeten sie doch immer eine Art Notstandsgewerbe, die eine materiell mehr oder weniger gedrückte Überschußbevölkerung voraussetzten. Diese kann in unserem Fall entweder aus dem agrarischen Flachlande stammen oder sich aus der bäuerlichen Gebirgsbevölkerung selbst rekrutieren — beide Male als wirtschaftliche und soziale Folgeerscheinung der um 1400 zum Stillstand gekommenen Wanderbewegung nach den ostelbischen Kolonisationsgebieten. Auf den Mittelgebirgen und im Flachlande war die bäuerliche Bevölkerung bei stockender Abwanderung zu wiederholten Besitzaufteilungen und unwirtschaftlicher Verkleinerung ihrer Hufen gezwungen gewesen, war so in eine gewisse Notlage geraten und hatte mit Freuden zur Hausindustrie als Neben- und bald als Haupterwerb gegriffen.

Lassen sich solche oder ähnliche Vorgänge auch auf dem Thüringer Wald i. e. S. erkennen?

---

[1] Hauptsächlich waren es Leinwandweberei und holzverarbeitende Hausindustrien, beide unter Weiterentwicklung und kapitalistischer Ausnutzung des Hausfleißes bäuerlicher Elemente.

Ob damals Bevölkerungsteile aus den Thüringer Waldvorlanden sich in den Gebirgstälern festgesetzt haben, wird man bei unserem dürftigen Quellenmaterial schwerlich jemals direkt nachweisen können.

Der Thüringer Wald selbst hatte im 15./16. Jahrhundert keine bäuerliche Überschußbevölkerung, da eine irgendwie nennenswerte Bauernsiedelung auf ihm überhaupt nicht stattgefunden hatte; es fehlten einfach die Menschen, die aus einer ungünstigen materiellen Lage heraus der Hausindustrie anheimgefallen wären.

Im Gegenteil war ja gerade das 15. und besonders 16. Jahrhundert eine Zeit höchster wirtschaftlicher Blüte des Thüringer Waldes, hervorgerufen durch den großen Aufschwung von Bergbau und Eisenindustrie und aller direkt und indirekt davon abhängigen Waldgewerbe, in welchen die Gebirgsbevölkerung und etwaiger Zuzug aus den Thüringer Waldvorlanden vollauf Unterkunft fanden, ohne zu irgendeiner Hausindustrie Zuflucht nehmen zu müssen.

Dagegen kam damals die Hausindustrie bezeichnenderweise auf im südöstlichen Thüringer Wald und in den Vorbergen und nächstgelegenen Vorlandgebieten des nordwestlichen Thüringer Waldes, wo, wie wir wissen, eine lebhaftere Bauernsiedelung stattgefunden hatte. Im östlichen Gebirgsabschnitt war es namentlich die Spielwarenhausindustrie [1], in den Vorbergen des nordwestlichen Thüringer Waldes die Hausweberei [2]. Solange die letztere bestand, beschränkte sie sich — auch zur Zeit ihrer größten Ausdehnung im 18. Jahrhundert — im wesentlichen auf die Gebirgsrand- und -vorlandgebiete und griff nur vereinzelt auf den eigentlichen Thüringer Wald i. e. S. über. Davon später.

Es sind also wesentlich die merkwürdigen Besiedelungsgrundlagen, die Abwesenheit einer nennenswerten Bauernbevölkerung in Verbindung mit der hohen gewerblichen Blüte von 1450 bis 1650 als Ursache dafür anzusehen, daß auf dem Thüringer Wald i. e. S. bis zum Dreißigjährigen Krieg keine Hausindustrien bestanden. Solche sind erst nach 1648 nachzuweisen, und zwar — wiederum charakteristisch für die besondere Art der Wirtschaftsentwicklung auf diesem Gebirgsabschnitt — unter Anknüpfung an die Notlage der vorhandenen gewerbetreibenden Bevölkerung. So geraten, um es im voraus kurz anzudeuten, nach dem großen Krieg bisher selbständige, aber durch die Kriegsgreuel verarmte zünftige Eisenhandwerksmeister in Abhängigkeit von Verlegern. Und als dann im Laufe des 18. und 19. Jahrhunderts ein großes Thüringer Waldgewerbe nach dem anderen untergeht, treten

---

[1] E. Sax, I, S. 6.
[2] Regel, Peterm. S. 41.

neben Manufaktur- und Fabrik- vor allem Hausindustrien als Ersatz an ihre Stelle, bis auch sie in allerjüngster Zeit und in letzten Resten noch unter unseren Augen — nachdem sie ihre Lückenbüßerrolle ausgespielt haben — der modernen Fabrikindustrie des Eisenbahnzeitalters das Feld räumen müssen. Doch davon im einzelnen später am richtigen Ort.

2. Die Siedelungen.

Hand in Hand mit der soeben ausführlich dargelegten lebhaften gewerblichen Entwicklung auf dem Thüringer Wald seit dem 13. Jahrhundert, vor allem aber von 1450/1500 bis zum Dreißigjährigen Krieg vollzog sich erst die eigentliche intensive Besiedelung unseres Gebirges (mit Ausnahme seines zentralen Teiles, wo der Schwerpunkt der Ortsbildung — wesentlich im Anschluß an die Glasindustrie — gar erst in die Zeit nach 1648 fällt), die, weil es im voraufgehenden Zeitalter der großen Rodungen nicht zu nennenswerten Ortsbildungen gekommen war, weit überwiegend gewerblichen Charakter trug. Damals erst entstanden die heutigen großen Thüringer Waldorte, bildete sich ihre gegenwärtige räumliche Verteilung heraus. Und dem fast ausschließlich gewerblichen Charakter der Besiedelung entsprechend, waren sie Ansiedelungen von Gewerbetreibenden: Bergmanns- und Eisenindustrieorte, Fuhrmanns-, Holzhauer- und Köhler-, Glasindustriedörfer. In ihren Ortsplänen und in der Verfassung ihrer winzigen Waldfluren Reste von ehemaligen Waldhufendörfern auffinden zu wollen, führt zu völlig negativen Ergebnissen, wenngleich die Uranfänge vieler Walddörfer, wie früher bereits erwähnt, auch weilerartige Rodungen und Einzelhöfe gewesen sind.

Vor dem großen gewerblichen Aufschwung des 13. bis 15./16. Jahrhunderts hat eine andere räumliche Anordnung der Wohnplätze bestanden. Insbesondere scheint ihre Zahl größer als gegenwärtig gewesen zu sein — wenngleich die einzelnen Siedelungen auch sehr viel kleiner waren. Parallel mit jenem gewerblichen Aufschwung fand eine allgemeine Verdichtung der Siedelungen statt in dem Sinne, daß die zahlreichen kleinen Wohnplätze auf weniger zahlreiche größere zusammenschmolzen. Die vielen urkundlich nachgewiesenen Wüstungen des Thüringer Waldes sind sicher damals entstanden, nicht erst im Verlauf des Dreißigjährigen Krieges.

Für das ganze altbesiedelte Deutschland war das 13. bis 15. Jahrhundert eine Periode „negativer Siedelung“. Hauptgrund für das Eingehen so vieler Orte war hier übereilte Rodung, namentlich aber Aufsaugung ihrer Bevölkerung durch die damals massenhaft entstehenden Landstädte. Die meisten deutschen Städte sind von einem Kranz von

Wüstungen umgeben, deren ehemalige Bewohnerschaft sich damals hinter den schützenden Stadtmauern ansiedelte und so den Bevölkerungsgrundstock jener Ackerbürgerstädte bildete.

Ähnlich auf dem Thüringer Wald, der im 13. bis 15. und 16. Jahrhundert ebenfalls eine Zeit „negativer Siedelungstätigkeit", Wüstungsbildung durchlaufen hat. Ein Motiv für den Ortsschwund mag auch hier übereilte Rodung gewesen sein. Noch näher aber liegt die Erklärung, daß die entstehenden Randstädte, namentlich aber die damals kräftig aufblühenden großen Gewerbe (Bergbau usw.) eine starke Anziehungskraft ausübten, zum Verlassen jener Rodungen und zur Bevölkerungsanhäufung in den gewerblichen und Randgebieten anreizten.

Das Ergebnis des angedeuteten Verdichtungsprozesses ist jedenfalls die Herausbildung der heutigen Waldorte.

In dem Maße endlich, wie sich seit dem 13., namentlich aber 15. Jahrhundert das Waldgebirge mit Menschen anfüllte, entstand am Gebirgsfuß der für den Thüringer Wald so charakteristische K r a n z v o n S t ä d t e n u n d M a r k t o r t e n. Die intensive Besiedelung des eigentlichen Gebirges bildete die ökonomische Voraussetzung für ihr Vorhandensein — abweichend von den Städten, z. B. der Thüringer Triasmulde, wie Eisenach, Gotha, Erfurt, Arnstadt, Mühlhausen usw. Diese waren reine Landstädte, wirtschaftliche Mittelpunkte für ein rein agrarisches Umland, daneben, wie besonders Erfurt, Handels- und Stapelplätze von überlokaler Bedeutung. Sie hatten bereits im 10. bis 13. Jahrhundert Stadt- und Marktrechte erlangt und um 1500 schon ihre mittelalterliche Blüte hinter sich.

Eine ganz andere wirtschaftliche Bedeutung ist den Städten und Marktorten in der Randzone des Thüringer Waldes zuzuschreiben. Meist am Vereinigungspunkt mehrerer Waldtäler gelegen, bestand wirtschaftlich ihr Wesen darin, daß sie den Warenaustausch zwischen Flachland und Gebirge vermittelten. Nach den Städtchen schafften die in den hinteren Gebirgstälern und höheren Gebirgslagen wohnenden Waldleute ihre Gewerbeprodukte und versahen sich dort mit landwirtschaftlichen und anderen Erzeugnissen des Flachlandes; denn die kleinen Waldfluren konnten schon mit dem ersten Anheben intensiverer Gewerbetätigkeit nicht mehr ausreichen.

Dann waren jene Randstädte — in den Eisenindustriegebieten — Sitz der zünftlerischen Eisenhandwerker, welche das in den Bergen gewonnene und vorgearbeitete Eisen fertigmachten, endlich waren sie — in den hausindustriellen Gegenden der späteren Zeit — Sitz der Verleger und Großhändler, und es leuchtet nach alledem ein, daß ihr Entstehen und kräftiges

Aufblühen einerseits und die dichtere Besiedelung des Gebirges anderseits zeitlich parallel gehende Erscheinungen sein müssen.

Als Beleg einige Beispiele[1]:

Waltershausen blühte erst seit Ende des 14. Jahrhunderts kräftig empor (erste Stadturkunden 1355—1360) und — was ökonomisch wichtiger ist — erhielt erst 1426 Marktrecht.

Friedrichroda, während der Klosterzeit (bis 1525) ein bescheidenes Walddorf, erlangte sein Marktrecht 1595, sein Stadtrecht 1597.

Ähnlich in Tambach. Auch hier schnelle Vergrößerung erst nach der Klosterzeit. Marktrecht wahrscheinlich im 16. Jahrhundert.

Schmalkalden, zwar 1202 noch als villa, einige Jahrzehnte später aber schon als „Stadt" aufgeführt, erlebt seine Blütezeit erst im 16. und Anfang des 17. Jahrhunderts.

Steinbach-Hallenbergs Marktrecht besteht erst seit 1669.

Über Suhl hatten wir schon berichtet. Während des 15. Jahrhunderts noch ganz unbedeutend, wurde es 1527 zur Stadt und 1544 zum Marktort erhoben[1].

Zur Würdigung dieser Tatsachen noch einige Worte: Die Entstehung der Märkte und Städte am Gebirgsrande beweist indirekt, daß schon im 15. Jahrhundert und zum Teil noch früher der Thüringer Wald seine Kapazität für eine sich selbst genügende landwirtschaftliche Bevölkerung längst überschritten hatte. Die gewerbetreibende Bevölkerung überwog bereits so, daß ein Austauschverkehr zwischen dem mehr und mehr industrialisierten Gebirge und dem agrarischen Flachland nötig war. Der Thüringer Wald im ganzen hatte wirtschaftlich sozusagen „Stadtcharakter" angenommen, mußte in steigendem Maße von außen her ernährt werden; ebenso wie die Fluren der einzelnen Ansiedelungen zu klein, gewissermaßen „städtische" Gemarkungen geworden waren.

III. Vom Dreißigjährigen Krieg bis ca. 1750.

Die mittelalterliche Blüte des Thüringer Waldes wurde durch den Dreißigjährigen Krieg vernichtet. In ihm zeigte sich die Kehrseite der günstigen verkehrsgeographischen Lage unseres Gebirges. Statt Warenzüge durchzogen jetzt verwilderte Söldnerhaufen raubend und brandschatzend die friedlichen Waldtäler. Fast jeder Ort litt unter den ständigen Erpressungen und Verwüstungen, und wenn irgendwo, so war auf dem Thüringer Wald die Bevölkerung am Ende der Wirren verarmt und dezimiert[2].

---

[1] Die Zahlen meist aus Regel, Peterm.

[2] Reiches Material in den von Herzog Ernst dem Frommen am Ende

Das folgende Jahrhundert ist eine Zeit des Wiederaufbauens und Wiedereinrichtens: zugleich aber kommt in verschiedenen Teilen des eigentlichen Thüringer Waldes i. e. S. die hausindustrielle Betriebsform auf — anknüpfend an die durch den Krieg geschaffene Verarmung der gewerbetreibenden Waldbevölkerung.

Die Gewehrindustrie in Suhl, Zella-Mehlis erholte sich bald, erlangte aber nie wieder ihre alte Bedeutung, weil die meisten Fürsten in ihren Ländern eigene Gewehrfabriken gründeten [1].

Auch der Schmalkalder Bergbau und die Schmalkalder Eisenindustrie überwanden die schweren Schläge des großen Krieges verhältnismäßig leicht. Nach Häfner [2] waren zu Ende des 17. Jahrhunderts im Schmalkaldischen schon wieder 119 Schächte und 9 Stollen im Gang; in Schmalkalden selbst zählte man um 1700 472 Eisenschmiede [3]. Damals gerieten aber auch die Zunftmeister in Abhängigkeit von Verlagskaufleuten, und während bis 1730/50 gewaltige Mengen von Stahl- und Eisenwaren nach allen Ländern Europas versandt wurden, während die Gewerke große Gewinne machten, die Vermögen der Verleger rasch anwuchsen und der Luxus in diesen Kreisen die üppigsten Blüten trieb, sank das wirtschaftliche und soziale Niveau der mehr und mehr hausindustriellen Schmiede (und Kleinfeuerarbeiter) immer tiefer hinab; Klagen über Lohndruck, Truckunwesen usw. nehmen seit Ausgang des 17. Jahrhunderts kein Ende mehr [4].

Dieselbe Umbildung vom selbständigen Zunftmeister zum abhängigen Heimarbeiter vollzog sich in jener Zeit auch in Ruhla, wo schon seit etwa 1650 die Beschaler (= die Fertigmacher der von den Messerschmieden gelieferten Rohware) den Vertrieb der Messer auf eigene Kosten übernommen hatten [5].

Während der 100 bis 150 Jahre nach 1648 breitete sich die Hausweberei in der ganzen Randzone des Thüringer Waldes aus. In und um Ilmenau bestand Spitzenklöppelei und Wollweberei [6], in Suhl und Umgebung wurde Baumwollengarn gesponnen und mit Leinenfäden zu Barchent verwebt. Überall sonst war Leinewand- und Drillichweberei, Tuch-, Zeug- und Raschmacherei zu Hause. Friedrichroda, Waltershausen, Eisenach, Wasungen und Meinigen waren

---

des Dreißigjährigen Krieges und später veranlaßten „Amtsbeschreibungen", H. u. St. A., M. A. G., L. A. O., L. A. W.

[1] Vgl. H. Anschütz, a. a. O.

[2] IV, S. 104.

[3] K. Frankenstein, S. 250 Anm. 73.

[4] Derselbe, S. 49 und Häfner, IV, S. 113.

[5] E. Sax, II, S. 9.

[6] Regel, Peterm. S. 57.

hierfür Hauptstützpunkte, Sitz der Verleger und Großkaufleute. Nach Hoff und Jacobs standen im Jahre 1785 allein in den gothaischen Walddörfern gegen 370 Webstühle, welche jährlich über 53000 Stücke lieferten. Die gebleichten Garne und die gewebten Stoffe wurden nach dem In- und Auslande, namentlich aber nach Frankfurt a M. und Holland abgesetzt [1].

Am Ende der jetzt betrachteten Periode bestand in den nördlichen Randorten sowie in Klein-Schmalkalden Korb- und Siebmacherei sowie Besenbinderei [2].

Nachdem im Jahre 1595 in Lauscha die erste Glashütte des (östlichen) Thüringer Waldes errichtet worden war [3], faßte die Glasindustrie im Verlaufe und nach dem großen Krieg auch in unserem Gebirgsteil Fuß. Die Landesherren waren ihre eifrigsten Förderer. Aus merkantilistischen Gesichtspunkten heraus gründeten sie entweder selbst Glashütten (siehe Tambach, S. 82), oder gewährten kapitalkräftigen und tüchtigen Privatleuten weitgehende Erleichterungen bei der Errichtung solcher Unternehmungen.

Zum Unterschied vom flachen, nordwestlichen Gebirgsteil waren bis zum Dreißigjährigen Krieg nur erst ganz wenige menschliche Ansiedelungen in den hohen, zentralen Thüringer Wald vorgedrungen; er bildete damals noch ein dichtes und nahezu geschlossenes Waldgebiet, in dem Hunderte von überständigen Bäumen unbenutzt verfaulten. Damit war dieser Gebirgsteil aber auch der gegebene Standort für die nunmehr zahlreich gegründeten Glashütten, welche nach dem damaligen Stand der Technik vor allem reichliche Holzvorräte zur Verfeuerung und Pottaschebereitung nötig hatten; und so kommt es, daß die Glasindustrie des Thüringer Waldes vorzugsweise auf jenen bisher wenig besiedelten und noch sehr waldreichen Höhen Fuß gefaßt hat, nicht aber in den übrigen Teilen des Gebirges, deren Waldbestände wesentlich zu Brennzwecken schon seit Jahrhunderten stark ausgebeutet (holz- und holzkohlenverschlingende Eisenindustrie; Absatz nach den Vorlanden!) und damals bereits sehr reduziert waren.

Aus damals errichteten Glashütten entwickelten sich im Laufe der folgenden Jahrhunderte die Hochdörfer Gehlberg (Hütte 1641 gegründet), Stützerbach (1703), Neustadt a. R. (1698).

Die meisten anderen Orte des zentralen Gebirgsteils wie Ober- und Unterschönau (Holzhauer, Köhler, Eisenschmiede), Arlesberg (Holzhauer, Köhler, Harzscharrer und Kienrußer,

---

[1] Hoff und Jacobs, I, S. 277.

[2] Brückner, Kirchen- und Schulenstaat, I Bd. VII unter Schönau v. d. W., XI unter Winterstein, Schmerbach, Schwarzhausen usw.

[3] Regel, Landeskde., III, S. 194.

Büttner), Stutzhaus (Waldarbeiter) und Heidersbach (1708 von Friedrichrodaer Tuchhändlern als Bleichort angelegt) entstanden auch erst nach dem Dreißigjährigen Krieg — sämtlich als Ansiedelungen von Gewerbetreibenden; und wenn oben auf die ganz überwiegend gewerbliche Grundlage der Besiedelung des Thüringer Waldes i. e. S. hingewiesen wurde, so gilt das in verstärktem Maße für den hohen, zentralen Gebirgsabschnitt mit seiner harten und sterilen Porphyrbedeckung.

IV. Von ca. 1750 bis zur Gegenwart.

Die Zeit von 1750 bis 1850 ist eine Periode der stufenweisen Zersetzung der bisherigen Wirtschafts(Gewerbe-)-Verfassung, der weiteren Ausbreitung der bestehenden und des Aufkommens neuer Haus- (und später Fabrik-) Industrien mit dem Charakter echter Notstandsindustrien.

Aus den verschiedensten Ursachen tritt eine allgemeine Verengerung der Ernährungsbasis der Thüringer Waldbevölkerung ein, gehen die meisten der bestehenden Gewerbezweige unter, ohne daß bis in die 1860 bis 1880er Jahre ausreichender Ersatz gefunden wird. Es macht sich ein steigendes Mißverhältnis geltend zwischen zunehmender Bevölkerung und abnehmenden Erwerbsmöglichkeiten, so daß der Thüringer Wald mehr und mehr zu einem Gebiet relativer Übervölkerung, wirtschaftliche Notlage und höchst unerfreulicher sozialer Zustände wird.

Eine Verkürzung der Ernährungsmöglichkeiten tritt zunächst durch die Holzverteuerung ein.

Etwa um die Mitte des 18. Jahrhunderts brachte die Not den Regierungen die Überzeugung bei, daß die bisherige Wirtschaftsverfassung des Thüringer Waldes zu einem großen Teile auf Raubbau an den Holzbeständen beruhte.

Bisher waren die Gebirgswaldungen noch nicht Gegenstand wirtschaftlicher Sorge gewesen, man nutzte sie mehr okkupatorisch, hielt sie für unerschöpflich.

Seit[1] Jahrhunderten wurden gewaltige Mengen Holzes teils auf den stärkeren Gewässern aus dem Gebirge hinausgeflößt, teils von den Holzfuhrleuten nach den Städten des Flachlandes abgefahren. Ganze Berge wurden Erbharzern (zur Gewinnung von Tannen- und Fichtenharz und Herstellung von Pech, Kienruß und Kienöl) zur schrankenlosen Benutzung überlassen. Dazu kam der umfangreiche Holzbedarf der Holzhandwerker, der Walddorfschaften (Brenn-, Bau- und

[1] Das Folgende ist ein Bild, welches ich aus meinen archivalischen Studien über jene Zeit, besonders aus der Einsicht in „Holzsachen“ (Waldbeschreibungen, Holztaxen usw.) im H. u. St. A., M. A. G., L. A. O. gewonnen habe; vgl. auch Heß, Der Thüringer Wald in alten Zeiten.

Schindelholz), der staatlichen Beamten und fürstlichen Hofhaltungen. Geradezu unglaubliche Quantitäten von Holz und Holzkohlen hatten endlich seit Jahrhunderten die zahlreichen Schmelzhütten, Hammerwerke und Eisenschmiede verbraucht.

Zum weit überwiegenden Teil wurden die geschlagenen Hölzer (damals und noch bis in die Mitte des 19. Jahrhunderts) als Brenn- und Kohl-, weniger als Nutzholz verwendet. Dabei ging man aber äußerst verschwenderisch mit den Bäumen um: nur die eigentlichen Stämme wurden verkohlt und die anderen Teile, wie Wipfel, Zweige und Stocken, ließ man unbenutzt liegen und verfaulen[1]. Alle Berge wurden zugleich angegriffen[2] und um den Nachwuchs trugen Staat, Gemeinde und Private wenig oder gar keine Sorge.

So war eine Katastrophe unausbleiblich und ein Eingriff der Landesregierungen geboten. Um die Mitte des 18. Jahrhunderts sahen sie sich gezwungen, die Holznutzung in geregeltere Bahnen zu lenken, zunächst die Holztaxen zu erhöhen und (namentlich in den altbesiedelten Gebieten mit ihrer holzverschlingenden Eisenindustrie) den Holzverkauf wesentlich einzuschränken.

Das aber bedeutete für einen sehr großen Teil der Thüringer Waldbevölkerung eine nicht unerhebliche Einschränkung ihrer Erwerbsmöglichkeiten. Nicht nur Holzhauer, und Köhler, Flößer, Holzhandwerker, Holzfuhrleute, Harzer usw.[3], sondern auch die großen holzverbrauchenden Industrien

---

[1] H. u. St. A., D D I 44a.

[2] M. A. G., Amt Ggthl., XXIII, II, 52, S. 103.

[3] M. A. G., Amt Ggthl., XXIII, II, 52: 1730, wie auch noch in den späteren Jahrzehnten, wurde im Gothaischen die Holztaxe erhöht und die Holzabgabe in allen Forstbezirken verringert. Daraufhin eine Flut von Beschwerden und Bittschriften aus den Walddorfschaften. S. 12: Die Finsterberger glauben ihre „Nahrung" zu verlieren; S. 72: die Catterfelder und Tambacher Köhler dürfen nur an solche Gewerke Holzkohlen liefern, welche „gnädigste Reskripte" haben; S. 138: sämtliche Köhler in Catterfeld bitten um Holz; S. 161: G. Ortlepp (ein Köhler) aus Catterfeld ist dem Verhungern nahe. H. u. St. A., D D I 26: Die Zimmerleute von Tambach, Hohenkirchen, Dietharz, Finsterbergen, Cabarz-Tabarz bitten um Holz, „da sie sonst verderben" (März 1754); die „armen Leute von Frankenhain", welche sich meist von Kienrauchs-Büttchen-Herstellung ernähren, verlangen Holz (April 1754); ebenso die Büttner und Wagner zu Gehra, die Büttchenmacher zu Manebach (Mai 1753). M. A. G., Amt Ggthl., XXIII, II, 52, S. 21: Der gothaische Landesfürst will „fürderhin die Erbauung und Aufnahme derer Eisenhämmer von dem Wohlstande der Waldung dependieren"; S. 67: die auswärtigen Hämmer, so auch die schmalkaldischen, sollen (seit 1730) kein Holz mehr aus den Tambacher Forsten erhalten. M. A. G., Amt Ggthl., XXIII, I, 16, S. 5: das „alte Stahlschmidtskollegium zu Schmalkalden bittet dringend um Holz (1737); S. 15: der „Creutzhammer" in Tambach hat ein halbes Jahr stillliegen müssen (1737). H. u. St. A., D D I 26 (1753): die Stahlgewerke der Neuen Schmiede bei Zella stehen wegen verweigerter Holzabgabe vor dem Ruin; März 1754: 4 „Gewehrfabrikanten" sind nach Potsdam

kamen in arge Bedrängnis. Im gothaischen Anteil des Thüringer Waldes griff man so energisch durch, daß dort schon in den 1760er Jahren fast alle privaten Schmelzwerke und Eisenhämmer eingegangen waren (die von Zella-Mehlis ausgenommen). Sie mußten ihren Betrieb einstellen zugunsten der (teilweise erst ganz neu errichteten) herrschaftlichen Eisenhütten und Hämmer in Luisenthal, Georgenthal und Dörrberg, welche von nun an die Deckung des Eisenbedarfs des Herzogtums Gotha übernahmen. Die Roheisenproduktion sollte sich nach der Menge des Holzes richten, welche die neu geregelte gothaische Forstwirtschaft unter Wahrung der dauernden Ertragsfähigkeit der Wälder abgeben konnte[1].

Ähnlich ging man im Schmalkaldischen vor. Um den Kohlenverbrauch in der Hand zu haben und einschränken zu können, kaufte Landgraf Wilhelm VIII. (nachdem er die Ausfuhr von Eisenstein und Roheisen verboten und so die meisten Schmelzhütten zum Stilliegen gezwungen hatte) alle (bisher im Privatbesitz befindlichen) Eisen- und Stahlhütten auf und ließ sie unter der Oberleitung einer besonderen 1752 errichteten „Eisen- und Kohlenadministration" auf eigene Rechnung betreiben. Alle Hämmer, Eisenschmiede usw. der Herrschaft Schmalkalden mußten von nun an (bis 1772) ihr Holzkohlenroheisen gegen Taxpreise von der Administration beziehen[2]. — Die Notwendigkeit der Holz- und Kohlenersparnis war u. a. auch die Veranlassung, daß man im Schmalkaldischen die Stücköfen größtenteils durch Blauöfen ersetzte (seit 1743/44). Eine bedeutsame technische Neuerung! Stücköfen lieferten zähflüssiges, nur schmiedbares Eisen (Luppe), Blauöfen aber (bei vermindertem Holzkohlenverbrauch und reicherem Ausbringen der Erze) dünnflüssiges, gußfähiges Roheisen[3].

Im übrigen setzte die Holzverteuerung der Nachblüte der Schmalkalder Eisenindustrie ein Ziel. Da die dortigen Eisen-Hütten und Hämmer im wesentlichen auf Holzkohlenbezug aus dem Auslande angewiesen waren, so kamen sie in Folge des gothaischen Kohlen-Ausfuhrverbots vom Jahre 1730[4] schon beinahe zum Stilliegen (Landgraf Wilhelms VIII. Eisensteinausfuhrverbot nach dem Auslande war nur eine Antwort auf jene gothaische Verordnung!). „Die Eigentümer der Bergwerke verloren den größten Teil ihrer Einkünfte. Die Stahlgewerke konnten die Eisenhämmer nicht mehr be-

---

ausgewandert; es heißt dann, „daß unter allen Waldleuten eine durchgängige Not herrsche dergestalt, daß von mehreren Fabrikanten, Köhlern, Holzhauern das Vorhaben einer Emigration verlaute".

[1] H. u. St. A., D D I.
[2] Häfner, IV, S. 109.
[3] Quantz, Vorrede, S. V f.
[4] M. A. G., Amt Ggthl., XXIII, II, 52, S. 67.

treiben[1]." Während der Zeit der „Administration" (1752 bis 1772) wurden Kohlen und Eisen übermäßig verteuert und so den Kleinfeuerarbeitern auch von dieser Seite her der Verdienst gekürzt. Durch Fabrikateneinfuhr-Zölle und -Verbote Rußlands, Frankreichs, Preußens, Österreichs, der Schweiz usw. und durch wachsende Konkurrenz der (teilweise technisch überlegenen [England]) ausländischen Industrien verengerte sich schließlich seit der zweiten Hälfte des 18. Jahrhunderts der Markt für Schmalkalder Eisenwaren sehr beträchtlich; der Wohlstand der Verlagskaufleute und Händler sank schnell und die Eisenschmiede gerieten in die dürftigste Lage, welche auch nicht durch die Revisionen der Zunftordnung von 1816 und 1825 gebessert werden konnte[2].

Über die Wirkung der Holzverteuerung auf die Holzhandwerker und Waldarbeiter gibt Brückner[3] noch einige Beiträge. So heißt es bei Cabartz[4], daß „dort jetzo (1762) die Nahrung sehr gefallen" sei. „Sonst war sie meist aus dem Walde, maßen auch noch viele Holtzhauer, Böttger, Zimmerleute, Wagner, Felgenhauer, Schreiner, Leiter- und Brechenmacher sich hier aufhalten. Weil aber bei abgetriebenem vielem Holtze in hiesiger Gegend, diese Handwerke nicht sonderlich mehr getrieben werden können, so suchen sich viele auswärts durch Fuhrwerk, auch Handel und Wandel mit Wein, Gewürtz und Federn fortzubringen." In Tabarz[5] ist die Hauptnahrung „Holtznahrung, die aber sehr gefallen, und sind Klagen darüber allgemein, sonderlich bey Holtzhauern, Zimmerleuten, Tagelöhnern, Wagnern, Böttger, Schreiner usw." Ersatz u. a. Branntweinbrennen, Handel und Wandel. In Zella[6] liegt „die Gewehr-Fabrique zu sehr darnieder" wegen der auswärtigen Fabriken, der Holz-Abnahme und -Verteuerung. Die Holzhauer und Köhler in Winterstein[7] „verdienen gegenwärtig (1757) wenig, weil nicht mehr soviel Holtz abgegeben und verkohlet wird wie vorher". In Nauendorf[8] hat die Hauptnahrung, die Waldarbeit, wegen verminderter Holzabgabe „ziemlich abgenommen", so daß es nicht an Armen fehlt; — u. s. f.

Der Siebenjährige Krieg brachte den Waldorten wiederum Truppendurchzüge, Plünderungen, Brandschatzungen und Seuchen (Lazarettyphus!)[9].

---

[1] Häfner, IV, S. 113.
[2] Häfner, IV, S. 108 f.; K. Frankenstein, S. 50.
[3] Kirchen- und Schulenstaat.
[4] Ebenda III, 11. Stck. S. 43.
[5] Ebenda S. 56.
[6] Ebenda II, 1. Stck., S. 4 (Jahr 1758).
[7] Ebenda, I, 7. Stck., S. 58.
[8] Ebenda, I, 5. Stck., S. 11.
[9] Mitteilungen des statist. Bureaus des Staatsminist. zu Gotha I. Bd., zahlr. Zahlenangaben.

In den Mißwachs- und Teuerungsjahren 1770 bis 1772 starben Hunderte von Waldbewohnern am Hungertyphus[1] — ein untrügliches Zeichen für ihre schlechte materielle oder gar Notlage, die, in normalen Zeiten mühsam verdeckt, bei solch außerordentlichen Anlässen zum Durchbruch kam!

Um 1800 war es selbst der gothaischen Regierung nicht entgangen, daß auf dem Walde Übervölkerung und Notstand herrschte. Sie erließ im Jahre 1800 eine Dr. Eisenbart-Verordnung[2], in welcher u. a. gesagt wird, daß die „Vergrößerung der Waldorte mit den Erwerbsmitteln ihrer Einwohner nicht in einem völlig richtigen Verhältnis stehe", und glaubt dem Übel abhelfen zu können, indem sie „die Erbauung neuer oder die Vergrößerung schon vorhandener Wohnhäuser in den Waldorten" erschwert oder verbietet. Das Abänderungspatent vom 29. April 1822 geht von der Voraussetzung aus, daß die Übervölkerung noch weiter besteht.

Nachdem die Garn- und Tuchbleicherei, die Leinewand-, Drillich- usw. Weberei in der Treibhausluft der Kontinentalsperre noch einmal einen kurzen kräftigen Aufschwung erlebt hatte, erlag sie in den folgenden Jahrzehnten nach 1814 der erdrückenden Konkurrenz der englischen Maschinenspinnerei und — Weberei. Die in Betracht kommenden thüringischen Kleinfürsten sind von dem Vorwurf, den vollständigen Untergang der Webindustrie des Thüringer Waldes mitverschuldet zu haben, nicht frei zu sprechen. Aus übertriebenem Souveränitätsgefühl traten sie bekanntlich dem von Preußen geplanten Zollverein nicht bei. Hinter der Schutzmauer des preußischen Zolltarifs von 1818 hätte sich die Thüringer Wald-Hausweberei ebenso wie anderwärts zur Großindustrie umbilden können. Als die Kleinstaaten im Jahre 1832 dem „Zollverein" beitraten, war die Webindustrie bereits in vollem Niedergang begriffen[3].

Andere Hausindustrien begannen sich an ihrer Stelle einzunisten — um die billigen Arbeitskräfte der beschäftigungslos Gewordenen auszunutzen; — so am Nordabhang des Gebirges Puppen- und Spielwarenhausindustrie, Herstellung von Hemd- und Manschettenknöpfen, Gesichtsmasken, Hanfschläuchen und hanfenen Feuereimern.

Ohne allen Zusammenhang mit der schon (wie E. Sax[4] vermutet) im 14. Jahrhundert von durchziehenden Nürnberger

---

[1] Ebenda. Über Schmalkalden s. Frankenstein, S. 49.

[2] „Zusätze z. d. neuen Beyfugen zur Gothaischen Landes-Ordnung", Patent, die Einschränkung der Vergrößerung der Walddorfschaften betr., v. 14. 11. 1800.

[3] Mitteilungen des stat. Bureaus d. Staatsmin. Gotha, I. Bd., Sp. 691 f.; Regel, Peterm. S. 41 u. a.

[4] I, S. 6.

Kaufleuten im Sonneberger Oberland eingeführten, war die Spielwarenhausindustrie an der Nordseite des Thüringer Waldes im Jahre 1815 zugleich mit der hausindustriellen Hemdenknöpfchenverfertigung in Waltershausen erstanden. Weniger die Spielwarenindustrie, um so mehr aber die Knopffabrikation breitete sich in den folgenden Dezennien fast über die ganze Nordabdachung des Gebirges aus, von Gehlberg bis nach Ruhla hin. Seit den 1840er Jahren wurde Waltershausen Hauptstützpunkt für die Spielwarenindustrie, Ohrdruf dagegen für die Hemd- und Manschettenknopfhausindustrie [1].

Ein Teil der Hausweber in und in der Umgebung von Waltershausen ging zur Hanfweberei, zur Herstellung von hanfenen Gurten, Spritzenschläuchen und Feuereimern über [2].

Mitte des 18. Jahrhunderts war die Ruhlaer Messerschmiederei untergegangen [3]. An ihre Stelle trat seit 1739 die Herstellung von Pfeifenkopfbeschlägen, der in den folgenden Jahrzehnten die hausindustrielle Verfertigung von Pfeifen- (besonders Meerschaum-) Köpfen folgte [4]. Die gleichfalls in Ruhla betriebene Holz-, Horn- und Beindrechslerei dehnte sich nach dem Untergang der Hausweberei auf die umliegenden Ortschaften (Winterstein, Fischbach, Schmerbach usw.) aus, wo sie zum Teil noch heute in letzten Resten ihr kümmerliches Dasein fristet.

In das letzte Drittel des 18. Jahrhunderts fallen auch die Anfänge der Porzellanindustrie des Thüringer Waldes. Wie die Glasindustrie war auch sie damals noch ein bodenständiges Gewerbe, beruhte vor allem auf Verwertung der Holzbestände. Von den waldreichen Bezirken der schwarzburgischen Oberherrschaften ausgehend (Katzhütte 1759, Sitzendorf 1760 usw. [5]), drang sie mit einzelnen Manufakturgründungen auch in unseren Gebirgsabschnitt vor, zunächst in den zentralen, dicht bewaldeten Teil. Ihre größere Ausdehnung fällt indessen erst in die 1840 bis 1860er Jahre.

Um die Mitte des 19. Jahrhunderts begann Deutschland zur hochkapitalistischen Wirtschaftsordnung überzugehen. Auf der Grundlage der Dampfmaschinentechnik in Produkten und Verkehr vollzog sich eine grundstürzende Neuorganisation der Volkswirtschaft. Zum Unterschied von dem jungen

[1] Mitteilungen d. statist. Bureaus d. St.-Min. zu Gotha, I. Bd., Spz. 659 f.

[2] Heute besteht in Waltershausen eine umfangreiche Hanf- und Gummischlauchfabrik!

[3] Sax, II, S. 12: Auswanderung vieler Messerschmiede nach Neustadt-Eberswalde i. d. Mark Brandenburg, wo Friedrich d. Gr. eine Stahl- und Eisenwarenfabrik gegründet hatte, und für die er unter verlockenden Bedingungen tüchtige Schmiede aus dem Auslande heranzog. Daheim in Ruhla seufzte man unter dem Druck der Verleger.

[4] Sax, I, S. 33.

[5] Regel, Ldskde., III, S. 189.

nordamerikanischen Kolonisationsland des Westens, in welchem vorher keine alte Kultur bestanden hatte, ward in Deutschland jener Neubau auf den Trümmern einer mittelalterlichen, damals noch ganz überwiegend handwerksmäßigen Wirtschaftsverfassung errichtet.

Diese wurde jetzt auch auf dem Thüringer Wald zertrümmert.

Als erstes Opfer der anbrechenden „neuen Zeit" kann man die Thüringer Wald-Hausweberei ansehen — von deren Niedergang wir oben berichteten.

Ihr folgte Bergbau- und bodenständige Eisenindustrie. Wesentlich infolge der aufkommenden modernen Verkehrsmittel wanderte die bisher dezentralisierte Eisenindustrie aus den holz-, erz- und wasserkräftereichen Mittelgebirgen aus, um sich an wenigen Punkten, an den Steinkohlengruben, zu konzentrieren, in deren Nähe sich in Deutschland zufälligerweise reichhaltige Erzlagerstätten befinden. Alle Versuche, auf dem Thüringer Wald oder in seiner näheren Umgebung, Steinkohlen zu gewinnen, blieben bis auf den heutigen Tag resultatlos. Unter dem Schutz der Entfernung und der unvollkommenen Verkehrsmittel im Vor-Eisenbahn-Zeitalter erwehrte sich die Thüringer Wald-Eisenindustrie erfolgreich der Konkurrenz der billiger produzierenden, weil mit Stein-, statt Holzkohlen arbeitenden westfälischen Eisenindustrie. Als aber um die Mitte des 19. Jahrhunderts mit den niedrigen Eisenbahnfrachtsätzen jene Schutzmauer fiel, ging die jahrhundertealte bodenständige Eisenindustrie des Thüringer Waldes ein; mit ihr zugleich der Eisenbergbau — um nicht wieder zu erstehen.

Die vorhandenen Eisenstein-Vorräte z. B. des Friedrichrodaer Bergwerks waren jetzt wirtschaftlich wertlos geworden, man verwandte sie (als Packlager) beim Straßenbau [1].

Gewiß besteht noch heute auf dem Thüringer Wald eine umfangreiche Eisen- und Metallwarenindustrie, sie befindet sich auch heute noch im wesentlichen dort, wo seit alters Eisenindustrie zu Hause war, also in den Gegenden von Suhl, Zella-Mehlis, Schmalkalden, Steinbach-Hallenberg und Steinbach-Schweina, Ruhla (und Tambach). Doch ist das nicht mehr die alte bodenständige Eisenverarbeitung. Auf dem Thüringer Wald gibt es heute keine Schmelzwerke, Hämmer, Drahtzüge usw. mehr; die bestehende Industrie ist Fertigindustrie, ohne die Vorglieder. Man veredelt seit den 1850er Jahren [2] lediglich von auswärts, aus Schweden und Westfalen, eingeführtes Roheisen und verwendet (die haus-

---

[1] Mitteilungen des statist. Bureaus d. Staatsm. zu Gotha, I. Bd., Sp. 263.

[2] K. Frankenstein, S. 60.

industriellen Kleinfeuerarbeiter ausgenommen) fremde Steinkohlen. Zugleich (von 1850 bis 1880) ging man in den Städten und größeren Randorten (in Schmalkalden, Suhl, Steinbach-Hallenberg, Ruhla usw.) zur fabrikmäßigen Betriebsform[1] über, während sich die Kleineisenhausindustrie in die Gebirgsdörfer zurückzog und dort nunmehr eine große Ausdehnung erlangte, weil daselbst durch den Niedergang des Bergbaues, das Eingehen der Schmelzöfen und Eisenhammerwerke, durch das Aufhören des Fuhrmannsgewerbes und die verminderte Arbeitsgelegenheit für Holzhauer, Köhler usw. viele Hände frei geworden waren.

Mit dem Aufkommen der Eisenbahnen verlor der Thüringer Wald auch seinen lebhaften Straßenfuhrverkehr und damit das für ihn so charakteristische und wichtige Fuhrmannsgewerbe. Es wurde jetzt stiller auf den Waldstraßen und aus den Waldorten verschwanden die blaubekittelten Frachtfuhrleute, die Anspänner, Pferdetreiber, Kärrner und Träger. Nur der Lokal- und Botenfuhrmann blieb.

Teils als Begleiterscheinung der schon verschwundenen Hauptgewerbezweige, teils als Folge des siegreichen Durchbruchs der kapitalistischen und fabrikmäßigen Produktionsweise überhaupt, gingen noch weitere — handwerksmäßige — Existenzen vollständig oder bis auf ganz geringe Reste unter: Köhler, Flößer, Holzhandwerker, Harzscharrer, Kienrußer, Pech- und Kienölsieder.

Dieser kritischen Zeit der Zersetzung der mittelalterlichen Wirtschaftsverfassung des Thüringer Waldes waren Jahrzehnte starker Bevölkerungsvermehrung vorausgegangen, so daß die angedeutete sehr beträchtliche Verengerung der Ernährungsbasis von um so fühlbarerer Wirkung für die Waldbewohner wurde. Während der langen Friedenszeit nach dem Wiener Kongreß vermehrte sich die Bevölkerung auf dem Thüringer Wald wie überall sonst in Deutschland — verglichen mit den unmittelbar voraufgehenden Menschenaltern — sehr stark: in 21 gothaischen Waldorten stieg die Bevölkerungszahl von zusammen 10241 im Jahre 1750 auf nur 10822 im Jahre 1793, in der Zeit von 1793 bis 1840 aber auf 15655[2].

Zwar breiteten sich in dieser Zeit der steigenden Bevölkerung und abnehmenden Erwerbsmöglichkeiten die Spielwarenhausindustrie, die Knopfmacherei, die Pfeifenindustrie, besonders auch Porzellanindustrie weiter aus[3]; andere Gewerbe entstanden neu: wie die Korkartikel- und Bürsten-

---

[1] K. Frankenstein, S. 60.

[2] Mitt. d. statist. Bureaus d. Staatsm. zu Gotha, I. Bd.; vgl. auch umstehende Tabelle.

[3] Mitt. d. statist. Bureaus d. Staatsm. zu Gotha, I. Bd., S. 658 f.

Einwohnerzahlen von 22 gothaischen Waldorten.
(Aus den „Mitteilungen des Statistischen Bureaus des Staatsministeriums zu Gotha".)

	1750	1858	1910
Altenbergen	210	292	452
Catterfeld	419	666	1 019
Engelsbach	115	147	249
Finsterbergen	556	838	1 174
Georgenthal	446	705	1 111
Tambach	1 365	1 900	3 008
Gräfenhain	540	957	1 847
Nauendorf	145	233	477
Schwarzwald, Stutzhaus und Luisenthal	457	1 125	1 783
Elgersburg [1]	371	770	1 410
Manebach	282	612	1 852
Gehlberg	167	409	951
Zella-Mehlis [2]	2 604	4 116	13 315
Friedrichroda	1 200	2 275	4 711
Ruhla (goth. Ant.)	1 268	2 235	3 966
Schmerbach	340	528	813
Schwarzhausen	449	638	741
Winterstein	416	642	868
Thal	256	351	854
Summa	11 606	19 439	40 631

In 108 Jahren betrug die Vermehrung 67,5 % (19 439 gegenüber 11 606) oder 0,625 % durchschnittlich jährlich und in 52 Jahren 109 % (40 631 gegen 19 439) oder 2,096 %. Der Jahresdurchschnitt der Bevölkerungszunahme im Zeitraum 1858 bis 1910 ist also 3,35 (2,096 : 0,625) mal größer als derjenige des Zeitraumes von 1750 bis 1858. — Ein nicht viel abweichendes Resultat wird sich ergeben bei Berücksichtigung aller Thüringer Waldorte.

fabrikation in Tambach[3], die Metallwarenfabrikation in Ruhla; in Neustadt a. R. wandte man sich nach dem Abflauen der älteren Feuerschwammindustrie zur Herstellung von Phosphor-Zündhölzchen[4]; — u. s. f. Doch boten sie längst nicht ausreichenden Ersatz für die untergegangenen Gewerbe, und so kam jetzt jene seit 1750 mehr verdeckt bestehende Notlage zum offenen Ausbruch. Namentlich in den 1840er bis 1870er Jahren wies der Thüringer Wald alle Merkmale eines übervölkerten Notstandgebietes auf.

[1] Die Zahlen von Elgersburg, Manebach und Gehlberg beziehen sich auf das Jahr 1761.

[2] Diejenigen von Zella-Mehlis und aller übrigen beziehen sich auf das Jahr 1760. Man kann sie unbedenklich mit denen von 1750 zusammenstellen, weil in jenen Jahrzehnten die Einwohnerziffern nachweislich so gut wie stabil waren.

[3] Siehe II. Teil S. 84.

[4] E. Sax, III, S. 73. Zeit: die 1830er Jahre.

Ein großer Teil der Thüringer Waldbevölkerung hatte gar keine oder nur ungenügende Beschäftigung, war aber durch Haus-, Grund- und Viehbesitz an die Scholle gebunden, so daß all jene höchst unerfreulichen Erscheinungen, welche sich regelmäßig mit diesem sozialen Typus zu verbinden pflegen (wie Durchhungern auf der Scholle, Diebereien, Wanderarbeit, Auswanderung usw.), damals auch auf dem Thüringer Wald zutage traten.

In zwangloser Reihenfolge greife ich einige dieser Notstandserscheinungen heraus.

Holz- und Wilddieberei nahmen damals auf dem ganzen Waldgebirge überhand; viele Familien lebten von ihr[1]. Die zeitgenössischen Autoren Hoff und Jacobs bemerken zu diesem Punkt: „Der Holzdiebstahl ist ein Laster, welches unter den Waldbewohnern durchgehends eingerissen ist und für ihr Gefühl den Charakter von Immoralität ganz verloren zu haben scheint[2]."

Bei Frankenhain lag ehedem ein kleiner Ort, Lütsche, der weit und breit im Rufe eines Räubernestes stand. Die wenigen Einwohner waren gefürchtete Wilddiebe und verrichteten ihr Handwerk so gut, daß Herzog Ernst II., ein leidenschaftlicher Jäger, nach und nach den Ort abreißen ließ — bis er im Jahre 1864 ganz vom Erdboden verschwunden war.

Während der Zeit des Niederganges der alten schmalkaldischen Eisenindustrie nahm die Holzdieberei — besonders der hessischen Köhler — so sehr überhand, daß die gothaische Regierung militärische Schutzposten nach dem Walde abkommandieren mußte[3].

Jahrzehntelang war der Thüringer Wald ein Herd für industrielle Wanderarbeit. Aus den Dörfern des gothaischen und hessischen Waldanteils zogen periodenweise ganze Scharen von Wäldlern nach auswärtigen Zuckerfabriken (im Anhaltischen und Magdeburgischen) und Ziegeleien (Gotha usw.), um hier während der Wintermonate oder auch das ganze Jahr hindurch zu arbeiten[4].

Tambacher, Dietharzer, Schwarzwälder u. a. Einwohner erhielten vom Staat die Reisemittel, um am Hannover-Fuldaer Bahnbau mitarbeiten zu können[5].

Jedesmal, wenn Mißwachs eintrat, standen zahlreiche Familien am Rande des Verderbens, und in solchen Fällen

---

[1] H. u. St. A., T T III, 15, S. 1 f.

[2] I, S. 242.

[3] Vgl. auch K. Frankenstein, S. 54.

[4] Mitt. d. Stat. Bureaus zu Gotha, I. Bd., Sp. 295 f.; Ortschroniken der goth. Waldorte.

[5] L. A. O., Loc. 48, Nr. 8.

mußte der Landesherr Geld und Saatgut nach den Waldorten senden [1].

Nach den Notstandsjahren 1846/47 wurde der Bevölkerungsdruck so stark, daß sich die Regierungen nicht anders zu helfen wußten, als zahlreichen Familien das Geld zur Auswanderung nach Amerika und anderen überseeischen Gebieten vorzuschießen. Bis in die 1880er Jahre blieb der Thüringer Wald ein Herd starker Auswanderung [2].

Ganz Deutschland litt damals unter ähnlichen Krankheitserscheinungen. Sie gingen allesamt auf dieselbe große gemeinsame Ursache zurück, auf die Zertrümmerung der mittelalterlichen Wirtschaftsordnung durch die moderne kapitalistische Produktionsweise des Maschinen- und Eisenbahnzeitalters. Hunderttausende von bisher bodenständigen Bevölkerungs-Elementen wurden dabei beschäftigungslos und gewaltsam aus der heimischen Scholle gerissen, bis sie — als die neuerschlossenen Kolonisationsgebiete von Nordamerika ihre Saugwirkung begannen — seit dem Anfang der 1850er Jahre in breitem Strome aus den Nordseehäfen aus- und der „Neuen Welt“ zuwanderten. Der Niedergang der meisten alteingesessenen Thüringer Waldgewerbe und die gleichzeitigen Notstandserscheinungen unter der Waldeinwohnerschaft waren nur ein Spezialfall dieses allgemeinen, ganz Deutschland durchschütternden Vorganges.

Bekanntlich ließ die überseeische Auswanderung erst nach und hörte schließlich ganz auf, seitdem Deutschland genügend kapitalistisch war und die aufgelockerten Bevölkerungsmassen in der heimischen Industrie (ihr gewaltiger Aufschwung nach den Kriegs- und Siegesjahren 1870/71!) Unterkunft fanden. Die Auswanderung über die Reichsgrenzen wurde zur Abwanderung, zum Zuge vom platten Lande nach den Großstädten, den Industrie-, Merkantil- und Montanbezirken.

Auf dem Thüringer Wald im Prinzip derselbe Vorgang. Der Auswandererstrom versiegt und die übrigen Notstandserscheinungen verschwinden in dem Maße wie in den Walddörfern die modern-kapitalistische Produktionsweise an Boden gewinnt, in optimistischer Beurteilung der Gesamtlage, Fabriken neu gegründet oder bestehende erweitert werden, in welchen die ganze Einwohnerschaft ausreichende und lohnende Beschäftigung findet. Das seit den 1850/60er, namentlich aber 1870/80er Jahren.

---

[1] T. G. A., Loc. 14, Nr. 539 f.; L. A. O., Loc. 41, Nr. 9. Vgl. auch H. Th. Kühne, Beitr. z. Gesch. d. Entwickl. d. soz. Zustände usw., Gotha 1862, namentlich den Kartenband (Getreidepreise auf dem Markt zu Gotha von 1751 bis 1860).

[2] L. A. O., Loc. 11, Nr. 34. Auswanderungsstatistiken über die meisten Walddörfer; Zahlen für Tambach s. S. 83. Aus Zella wanderten von 1850—1869 208 Köpfe, aus Mehlis 70 aus, natürlich alle in das Massengrab des Deutschtums, Nordamerika.

B. Gegenwärtige Wirtschaftsverfassung.

I. Allgemeines.

Wie hat sich der Thüringer Wald in die hochkapitalistische Wirtschaftsverfassung Deutschlands eingefügt, welche Stellung nimmt er heute in der deutschen Volkswirtschaft ein?

Jene untergegangenen Gewerbezweige wie Bergbau, bodenständige Eisenindustrie, Fuhrmannsgewerbe usw., die einst aus der natürlichen Ausstattung des Thüringer Waldes herausgewachsen und unter ganz bestimmten historisch-technischen Voraussetzungen erstanden waren, sind nicht wieder ins Dasein zurückgekehrt. Neue natürliche Hilfsquellen und damit gesteigerte Erwerbsmöglichkeiten kamen abgesehen vom Fremdenverkehr nicht zur Entwicklung, so daß der Thüringer Wald aus eigenem Vermögen heute wohl eben nicht viel mehr Menschen beschäftigt und ernährt als in den bösen 1840/50er Jahren. Gleichwohl ist die Bevölkerung seitdem, besonders aber seit 1870/80 nicht nur gewaltig gestiegen (von 1885 bis 1910 um fast 80 %[1]), sondern auch die materielle Lage der Wäldler hat sich ganz bedeutend gehoben, so daß nicht nur der Notstand völlig überwunden wurde, sondern heute sogar ein gewisser Wohlstand nicht zu verkennen ist.

Auf welcher wirtschaftlichen Grundlage war das möglich?

Als eine Hauptwirkung der modernen Verkehrsmittel ist die Tatsache anzusehen, daß sie die meisten Industrien von ihrem natürlichen Standort unabhängig machte. Und das wurde auch für den Thüringer Wald bedeutsam.

In dem Maße wie dieser an das deutsche Eisenbahnnetz angeschlossen wurde, wie er Rand-, Stich- und Überquerungsbahnen erhielt, ward es technisch und wirtschaftlich möglich, von fern her größere Mengen von industriellen Roh- und Hilfsstoffen nach dem Thüringer Wald zu schaffen, Industrien zu gründen auf der Basis des Bezuges von auswärtigen Rohmaterialien bei gleichzeitiger Ausnutzung der billigen und geschickten (und besonders auch der zahlreichen männlichen und weiblichen jugendlichen) Arbeitskräfte der Thüringer Waldbevölkerung. Das ist mit wenigen Worten das Wesentliche an der gegenwärtigen Wirtschaftsverfassung unseres Gebirges, und es ist klar, daß damit seiner weiteren Industrialisierung und Vermehrung seiner Bevölkerung keine Schranken gesetzt sind, sofern nur der Standpunkt der privatwirtschaftlichen Rentabilität für die auf jenen künstlichen Grundlagen aufzubauenden Industrien gewahrt bleibt. Theoretisch hängt es allein von der Erfüllung dieses Grundsatzes ab, ob heute

[1] 1885: 102 642 Köpfe (nach Klinger a. a. O. S. 140). 1910: 179 970 Köpfe.

irgendein beliebiger Industriezweig auf dem Thüringer Wald Wurzel schlagen kann oder nicht. Es wäre theoretisch denkbar, daß seit dem Beginn des Eisenbahnzeitalters eine Mannigfaltigkeit von allen möglichen Fabrikindustrien ihren Weg nach dem Thüringer Wald gefunden hätte. Demgegenüber haben sich die historischen Verhältnisse bisher im ganzen doch als mächtiger erwiesen, indem nicht zahlreiche neue Industriezweige aufgekommen sind, sondern vielmehr die bedeutendsten Thüringer Waldindustrien des Voreisenbahnzeitalters mit veränderten Produktions-Grundlagen (fremde Rohstoffe!) noch heute weiter bestehen und sich noch beträchtlich ausdehnen, so vor allem die Eisen-, Glas-Porzellanindustrie, dann aber auch die Zigarren-, Feuerschwamm-, Zündholzfabrikation usw.

Der wesentlichste Grund für ihr Weiterbestehen ist in dem Vorhandensein einer geschickten, weil seit Jahrhunderten in den betreffenden Gewerbezweigen geschulten Bevölkerung zu suchen und nur insofern sind sie noch heute auf dem Thüringer Wald bodenständig.

Als Hauptbeispiel jener wenigen Industrien, welche ohne Anknüpfung an historische Zustände erst während der letzten Jahrzehnte in den Walddörfern Fuß gefaßt haben, ist die Metallwarenindustrie zu nennen, die sich neuerdings so ausgedehnt hat, daß sie in ihrer quantitativen Bedeutung neben den anderen größeren Thüringer Waldindustrien, der Glas-, Porzellan- und Eisenindustrie steht.

Hand in Hand mit den fundamentalen Wandlungen in den Produktionsgrundlagen der Thüringer Waldgewerbezweige verlieren die Hausindustrien gegenüber dem siegreichen Vordringen der Fabrik relativ und auch absolut an Bedeutung. Sie haben innerhalb der Wirtschaftsentwicklung des Thüringer Waldes ihre geschichtliche Mission erfüllt, ihre Lückenbüßerrolle ausgespielt.

Wir erinnern uns, wie die hausindustrielle Betriebsform erst nach dem Dreißigjährigen Krieg auf dem Thüringer Wald aufkam in Anknüpfung an die vom Krieg geschaffene Notlage zünftiger Eisenhandwerksmeister; wie sie mit der bedeutenden Verengerung der Ernährungsbasis und dem Niedergehen großer, alteingesessener Thüringer Waldgewerbezweige seit ca. 1750 — die entstandenen Lücken ausfüllend — mehr und mehr an Boden gewann und wie sie endlich den Zustand ihrer größten Ausdehnung in den 1820er bis 1860er Jahren erreichte, als die Not der Waldbevölkerung am höchsten gestiegen war infolge des Versiegens fast aller seit Jahrhunderten stark geflossenen Nahrungsquellen.

Als aber seit dem Ausbau Deutschlands mit modernen Verkehrsmitteln sich für die Thüringer Waldbevölkerung in der massenhaften Einfuhr und maschinenmäßigen Verarbeitung fremder Rohstoffe eine neue große Nahrungsquelle öffnete, sah sich die Hausindustrie in Verteidigungsstellung gedrängt, weil sie der Fabrik mit ihren kürzeren Arbeitszeiten und höheren Löhnen gegenüber nicht Stand zu halten vermochte. Noch unter unseren Augen spielen sich die letzten Phasen dieses Prozesses ab. Und wenn man auch aus dem Gefühl edler Menschlichkeit heraus Weber- und Drechslervereine in den Vorbergen des Thüringer Waldes gründen hilft, und wenn die Nagler im Schmalkaldischen sich in Rohstoffbezug- und Absatzgenossenschaften zusammenschließen, so will das nicht viel mehr besagen als Beschaffung von Waffen für ein möglichst schmerzloses Rückzugsgefecht; es sind Linderungsmittel für Sterbende. Doch sei gleich hier bemerkt, daß trotz des Rückganges der Hausindustrie als Betriebsform die gegenwärtige materielle Lage der Hausindustriellen keineswegs als dürftig oder gar trostlos bezeichnet werden darf — wenngleich man zugeben muß, daß ihre Gesamtlage ungünstiger ist als die der Fabrikarbeiter. Die nähere Begründung erfolgt bei der Erörterung der einzelnen heute bestehenden Gewerbezweige.

Die Geschichte überblickend ergibt sich, daß die historische Mission der Hausindustrien des Thüringer Waldes nicht in der Industrialisierung einer vorhandenen und in Not geratenen bäuerlichen Bevölkerung bestand. Das war nicht möglich, weil der Thüringer Wald eine Bauernbesiedelung so gut wie nicht erlebt hatte. Vielmehr erschöpft sich die Bedeutung der Hausindustrien innerhalb der Wirtschaftsentwicklung unseres Gebirges in einer Lückenbüßerrolle zwischen zwei zeitlich auseinanderliegenden Wirtschaftsverfassungen gewerblichen Charakters: der mittelalterlichen, überwiegend handwerksmäßigen und der modern-kapitalistischen, fabrikmäßigen.

Bei der vorstehenden allgemeinen Darstellung und Erklärung der heutigen Gewerbeverfassung des Thüringer Waldes wurden als bedingende Momente nur die sachlichen Faktoren herangezogen, neben den allgemein-politischen besonders die wirtschaftlich-technischen. Jetzt sei noch kurz auf die persönlichen hingewiesen, auf die Unternehmer, die mit der Gründung von Gewerbebetrieben zwar in erster Linie in ihre eigenen Taschen arbeiteten, deren Tätigkeit doch aber auch volkswirtschaftlich eminent wertvoll war und noch ist, indem — bei aller zugegebenen Gunst der äußeren Verhältnisse — sie es doch vor allem waren, die die reichliche Arbeitsgelegenheit nach jener trüben Notstandszeit schufen und damit den Grund legten für den erfreulichen materiellen Aufschwung der Waldbevölkerung in den letzten 30 bis 40 Jahren.

Es interessiert hier vor allem die Frage, aus welchen sozialen Schichten die Thüringer Wald-Unternehmer stammen.

Die ausführliche Antwort wäre eine umfangreiche sozialwissenschaftliche Arbeit für sich, deren bestes, aber diskretes Quellenmaterial die Fabrik- und die Unternehmerfamiliengeschichten sein dürften.

Für den Rahmen der vorliegenden Arbeit muß die Feststellung genügen[1], daß die Schöpfer der neueren Thüringer Waldindustrien nicht wohlhabende, satte Kapitalistenexistenzen waren, sondern rührige, wagemutige, mit energischem Willen und schöpferischer Phantasie begabte Leute aus den mittleren und unteren sozialen Schichten (meist der Thüringer Waldbevölkerung selbst): kleine Verleger, Händler, besser gestellte Hausindustrielle, kaufmännische Angestellte, selbst Werkmeister und Arbeiter. Die Glasindustrie auf dem hohen Gebirgsteil, die Porzellanindustrie der Ohrdrufer Gegend, die Spielwarenindustrie von Waltershausen und Umgebung, die Metallwarenindustrie von Ruhla, Tambach usw., die fabrikmäßige Gewehr- und Kleineisenindustrie im Zellaischen und Schmalkaldischen — sie u. a. gehen in ihrer ersten Entstehung und ihren späteren Fabrikgründungen mit ganz wenigen Ausnahmen auf jene nicht hochgeborenen, aber tüchtigen Elemente zurück. Das bekannteste Beispiel aus der jüngsten Zeit ist das des Geheimrats Ehrhardt in Zella, der, einst selbst Metallarbeiter in der Gewehrbranche, jetzt das bedeutendste Kruppsche Konkurrenzunternehmen (Rheinische Metallwaren- und Maschinenfabrik in Düsseldorf) leitet und in Zella eine umfangreiche Geschützfabrik als Eigentum besitzt. Der Raum verbietet mir, noch weitere von den vielen hierhergehörigen Fällen aus Geschichte und Gegenwart anzuführen — obwohl ich das Material dazu hätte. Nur die prinzipielle Bemerkung sei noch gestattet, daß die Thüringer Waldgewerbezweige allerdings relativ leichte Möglichkeiten für das Aufsteigen jener Elemente darbieten; denn auf dem Thüringer Wald gibt es keine eigentlichen Großindustrien, vielmehr eine große Mannigfaltigkeit von Kleinindustrien, deren Betriebe im Durchschnitt mit nur wenig Kapital und wenig Leuten arbeiten, namentlich in ihren Anfängen. Oft ist der Betrieb so klein, daß man ihn gar nicht als Fabrik ansprechen kann (Metallwarenbranche!). Auch ist bei fast allen Gewerbezweigen die enge Verknüpfung von fabrik- und hausindustrieller Betriebsform von Wichtigkeit, indem es manchem Zwischenmeister gelingt, sich nach und nach ganz zu verselbständigen, sich zum Verleger und Fabrikanten heraufzuarbeiten.

---

[1] Quellen: persönliche Erkundungen; die Ortsgeschichten in den Pfarrarchiven der Waldorte; für Gotha die meisten Bände der „Mitteilungen des Statist. Bureaus d. Staatsm. zu Gotha“.

II. Einzelausführungen [1].

Trotz heute noch vorhandener reicher Erzlager ist der Eisenbergbau des Thüringer Waldes i. e. S. mangels billig zu beschaffender Steinkohlen für die Zwecke der Verhüttung bis auf geringe Reste eingegangen. Nur die Gruben Stahlberg, Mommel, Klinge, Clara und Vorderberg im Kreise Schmalkalden sind heute noch auf Eisenstein in Förderung; 1912 mit einer Ausbeute von nur 9907 t [2]. Davon wurden etwa 30 % nach Oberschlesien und Essen (Krupp) abgesetzt, 70 % aber auf der „Neuen Hütte" bei Stadt-Schmalkalden, dem einzigen heute noch auf dem Thüringer Wald bestehenden Hüttenwerk, zu Holzkohlenroheisen verschmolzen. Dieses sehr hochwertige Holzkohlenroheisen wird nicht im Schmalkaldischen selbst, oder irgendwo sonst auf dem Thüringer Wald fertigverarbeitet, sondern von Krupp und Schneider (Creusot) bei der Herstellung von Panzerplatten und Geschützrohren verwendet [3].

Obwohl der Eisenerzbergbau des Thüringer Waldes i. e. S. fast erloschen ist, jedenfalls für die heimische Industrie nicht mehr in Betracht kommt, lebt dennoch die Eisen- (und Metallwaren-)Industrie auf dem Thüringer Wald in ihren alten Bezirken weiter. Freilich unter völlig veränderten Bedingungen. Roheisengewinnung und die ersten Stufen der Eisenverarbeitung fehlen, sie besteht nur noch als Fertigindustrie, indem man Halbzeug in Form von Knüppeln, Stabeisen, Walzdraht, Walzblech usw. von auswärts bezieht [4], um es von den billigen und seit Jahrhunderten geschulten Händen der heimischen Bevölkerung hausindustriell und fabrikmäßig weiterverarbeiten zu lassen.

Im Industriegebiet von Suhl, Zella-Mehlis, Goldlauter, Heidersbach, Heinrichs bestehen in der Hauptsache zwei Gewerbezweige: die Waffenfabrikation und die Metallkurzwarenindustrie.

Während in Goldlauter, Heidersbach, Heinrichs die Gewehrindustrie nur hausindustriell betrieben wird, stehen in Zella-Mehlis Fabrik und Hausindustrie nebeneinander. 1913 gab es hierselbst neben einer staatlichen Beschußanstalt fünf Waffenfabriken mit 235 Arbeitern (ausschließlich der von den Fabriken abhängigen Heimarbeiter), die Revolver, Terzerole, Vogelflinten, Zimmerstutzen, Jagdgewehre herstellen. Unter

---

[1] Sie beruhen, soweit nicht andere Quellen angegeben sind, auf persönlichen Erkundigungen.

[2] Nach mir schriftlich übersandten Angaben des „Königl. Bergamtes zu Schmalkalden".

[3] Auf Grund mündlicher Erkundigungen am Ort.

[4] Roheisen aus dem Siegerland und zum kleineren Teil aus Schweden; Walzwerkprodukte namentlich aus Remscheid.

den fünf Waffenfabriken befindet sich auch die „Ehrhardt'sche Geschütz- und Spezialwerkzeugmaschinenfabrik", die betriebsorganisatorisch ein Zweigunternehmen der großen „Rheinischen Metallwaren- und Maschinenfabrik" in Düsseldorf mit ihren zahlreichen anderen räumlich getrennten Tochter- und Nebenbetrieben darstellt. Dank der außerordentlichen Geschicklichkeit der seit vier bis fünf Jahrhunderten in der Gewehr- und Waffenindustrie geschulten Bevölkerung war es möglich, die feinsten Arbeiten bei der Geschützherstellung nach Zella-Mehlis zu verlegen: so die Fertigbearbeitung der im Rheinland gepreßten Kanonenrohre, Einlegen der Züge, Anfertigung der Verschlüsse usw. Es gehen ferner aus dem Betrieb hervor: Spezialwerkzeugmaschinen zur Herstellung von Artilleriegeschossen jeden Kalibers, Hartbleipressen für Schrapnell-Kugeln, Drallziehbänke für Geschützrohre, Kriegsautomobile, auf Kraftwagen montierte Luftfahrzeugzerstörer u. v. a. m.

Die eigentliche Handfeuerwaffenindustrie hat im allgemeinen sehr anzukämpfen gegen die Konkurrenzfabriken in Lüttich, die mit niedrigeren Rohstoffkosten arbeiten, weil sie in unmittelbarer Nähe der belgischen Eisenerz- und Kohlenlagerstätten liegen. Demgegenüber bietet sich der Thüringer Wald Gewehrindustrie nur dadurch ein annähernder Ausgleich, daß sie sich auf die billigeren Arbeitskräfte der Waldbevölkerung überhaupt und dann vor allem auf die Hausindustrie zu stützen vermag.

Diese ist, wie gesagt, namentlich in den umliegenden Waldorten zu Hause, aber auch noch in Zella-Mehlis mit ca. 150 Zwischenmeistern[1] und 375 Gesellen und Lehrlingen. Nur diesen letzteren gegenüber sind die Zwischenmeister selbständige Arbeitgeber, sonst durchaus abhängig von den Fabrikunternehmern, von welchen sie die Aufträge erhalten. Ihre Zahl ist in den letzten beiden Jahrzehnten bedeutend zurückgegangen, wird auch weiter zurückgehen, da der Heimarbeiter mit der fabrikmäßigen Herstellung der Waffen nicht Schritt halten kann.

Wenn die Billigkeit der Arbeitsleistung für die Gewehrfabriken auch eine Lebensfrage ist, so sind die Lohnverhältnisse dennoch recht günstig — entsprechend der fast durchweg hochwertigen Arbeit, die in der Gewehrbranche geleistet wird. Der verheiratete männliche Arbeiter verdient wöchentlich 30 bis 35 Mk. und mehr, der Heimarbeiter 5 bis 10 Mk. weniger — was bei der billigen Lebenshaltung der Waldbevölkerung, den niedrigen Wohnungsmieten und der Möglichkeit eines

---

[1] Büchsenmacher, Revolver-, Terzerolmacher, Schäfter, Polierer, Graveure.

kleinen landwirtschaftlichen Nebenbetriebes mit Viehhaltung einen keineswegs dürftigen Reallohn bedeutet.

Nach der Zahl der beschäftigten Leute hat heute in Zella-Mehlis die Metallkurzwarenindustrie eine noch größere Bedeutung. Denn es bestanden dort Anfang 1913 zwei Glocken- (Tisch-, Tür-, Fahrrad-Glocken-)Fabriken, 1 Glocken- und Fahrradteilefabrik, 1 Fahrradteilefabrik, 5 Kurzwaren- und 2 Zangenfabriken mit zusammen 880 Arbeitern und Arbeiterinnen, außerdem noch 14 hausindustrielle Zangenmacher und 40 Kurzwarenschmiede mit 85 Arbeitern. Von den letztgenannten Heimarbeitern und ihrer Konkurrenzfähigkeit gegenüber der Fabrik gilt das gleiche wie von den Gewehrmachern.

Die Glocken- und Fahrradteilefabriken sind Kinder des Eisenbahnzeitalters, bestehen erst seit einigen Jahrzehnten. Sie arbeiten natürlich ausschließlich mit fremden Rohstoffen und spekulieren auf die billigen und namentlich auch jugendlichen männlichen und weiblichen Arbeitskräfte. Wesentlich diesen Metallwarenfabriken ist es zu danken, daß die Bevölkerungszahlen von Zella-Mehlis von 4116 im Jahre 1858 auf 12315 am 1. Dezember 1910 anwachsen konnten.

Die Eisenindustrie im Schmalkaldischen. Kuno Frankenstein hat sie für die 80er Jahre des 19. Jahrhunderts in seinem Werke: „Bevölkerung und Hausindustrie im Kreise Schmalkalden“ eingehend behandelt. Hier noch einige Worte über die gegenwärtige Verfassung — innerhalb der durch das Thema gezogenen Grenzen.

Die einzelnen Zweige der Schmalkalder Kleineisenhausindustrie sind heute noch ebenso verteilt wie vor 30 Jahren: in Steinbach-Hallenberg, Ober- und Unterschönau, Rotterode und Altersbach Nagelschmiederei, in Asbach Zweck- und Zeugschmiederei (Hämmer, Zangen usw.), in Brotterode und Seligenthal Herstellung von Schnallen und Sporerartikeln.

Wie die Gewehrmacher von Zella-Mehlis und Umgegend, so sind auch die Kleinfeuerarbeiter im Schmalkaldischen letzte Reste der mittelalterlichen Zunfthandwerker, die späterhin hausindustriell organisiert worden waren. Mit ihrer längst veralteten handwerksmäßigen Technik kämpfen die Schmalkalder Kleineisenindustriellen noch immer den Verzweifelungskampf gegen die überlegene Konkurrenz der Maschine — ganz besonders die Zweckschmiede und Nagler. Zwar hat das grau in grau gehaltene Bild, welches Frankenstein von der materiellen Lage dieser Leute entwarf, heute sicherlich keine Geltung mehr. Den Bemühungen des zuständigen Landrates ist es gelungen, die Kleineisenschmiede vor den wucherischen Preisaufschlägen ihrer Rohstofflieferanten (Eisenhändler) zu schützen. Außerdem sorgt die Kreisverwaltung für genügende staatliche Aufträge (z. B. Eisenbahnschwellennägel), so daß heute an ausreichender und lohnender Arbeit kein Mangel besteht. In Ober- und Unterschönau ist den Naglern sogar die Gründung einer (Rohstoffbezugs- und Absatz-) Genossenschaft geglückt. Nach eigener Aussage berechnen die angeschlossenen Nagler ihren Wochenverdienst auf 20 bis 25 Mark; nicht sehr viel schlechter stehen sich die Rotteröder und Altersbacher Schmiede. Doch volkswirtschaftlich haltbar ist der ganze Zustand nicht. In dem Wettkampf mit der Maschine reiben sich die Leute gesundheitlich auf. Sommer und Winter hämmert der rußgeschwärzte Kleinfeuerarbeiter täglich 12 bis 14 und mehr Stunden lang unermüdlich in atemloser Hast. Nach jahrzehntelanger Arbeit und mit eintretendem Alter stellen sich Beinleiden und Brustschmerzen ein. Bei meinen Besichtigungen sah ich so manchen älteren Nagler, dessen rechtes Handgelenk durch das unaufhörliche Schwingen des Schmiedehammers dick verschwollen war.

Die Bemühungen der Kreisregierung, eine weitere Ausdehnung des Naglergewerbes möglichst zu verhüten, sind jedenfalls zu begrüßen; sie entsprechen den volkswirtschaftlichen Forderungen. Die Gründung von (vor allem Rohstoff-) Genossenschaften ist nicht zu befürworten; doch nicht — wie die dortigen Eisenhändler glauben machen wollen — weil Genossenschaften überhaupt nicht lebensfähig wären. Die Nagler usw. seien nicht genügend kaufmännisch geschult für den Einkauf und vor allem nicht so kapitalkräftig, um stets die erforderlichen Mengen und Sorten von Stabeisen auf Lager halten zu können. Die florierende Genossenschaft in Oberschönau zeigt, daß man solche Schwierigkeiten erfolgreich überwunden hat. Vielmehr sind erneute Gründungen von Genossenschaften deshalb nicht zu empfehlen, weil sie geeignet sind, die Todesqualen jener untergehenden Gewerbezweige zu verlängern, und es beruht auf richtiger Beurteilung der Sachlage, wenn der gegenwärtige Landrat des Kreises Schmalkalden seinen Pflichten als Ehrenvorsitzender der Nagler-Innung jener Gegend dadurch am besten zu genügen glaubt, daß er die Nagler zu bestimmen sucht, ihre Söhne nicht wieder Nagler werden zu lassen. Tatsächlich wendet sich die Bevölkerung auch mehr und mehr anderen Gewerbezweigen zu, besonders der Schlosserei, der Herstellung von sogen. „Schmalkalder Artikeln" (Brennscheren, Korkzieher, Draht-, Nagel-, Zuckerzangen, Zigarrenabschneider, Flaschenreiniger, Locheisen, Stimmgabeln, Nußknacker, Pfeffermühlen u. s. f.[1]), und der Drechslerei. Die Drechslerei ist zu Hause in Ober- und Unterschönau, Hohleborn, Schnellbach, Floh-

[1] Auch hier ist der Fabrikbetrieb in schnellem Vordringen; Fabriken in Oberschönau und Steinbach-Hallenberg, Zella-Mehlis.

Seligental, Struth, Helmershof und Brotterode und steht in engem Zusammenhang mit der Schmalkalder Kleineisenindustrie. Sie liefert den Verlegern und Fabrikanten in Stadt Schmalkalden, Steinbach-Hallenberg usw. gedrehte Holzteile für die „Schmalkalder Artikel“ und andere Erzeugnisse der dortigen Kleineisenindustrie: Holzstiele für Hämmer, Feilen, Brennscheren, Ahlen u. s. f.

In der Gegend von Schweina, Liebenstein, Steinbach ist die hausindustrielle Verarbeitung des Eisens nahezu vollständig verdrängt worden durch neuerdings angelegte Metallwarenfabriken (Anfertigung von Messern, Portemonnaiebügeln usw.).

In Ruhla hat sich unter Anknüpfung an die (seit 1739) bestehende Herstellung von metallenen Pfeifenkopfbeschlägen in den letzten Jahrzehnten eine bedeutende Metallwarenindustrie entwickelt. Sie hängt nur noch zum Teil mit der kräftig weiterblühenden, inzwischen aber auch fabrikmäßig organisierten Pfeifenindustrie zusammen, indem außer den allerdings in sehr bedeutenden Mengen fabrizierten Pfeifenkopfbeschlägen eine große Zahl anderer Metallartikel aus dem engen Tal von Ruhla in alle Welt hinausgehen: Uhren, Rauch- und Tee-Garnituren, Feuerzeuge, Tintenfaßbeschläge, Stock- und Kork-Zwingen, Leuchtertüllen und tausend andere gestanzte Massenartikel aus Messing, Kupfer, Neusilber und Eisenblech. — Neben einer großen Maschinenfabrik mit Gießerei, Walzwerk und angegliederter Uhrenfabrik (rund 1500 Arbeiter) bestehen heute in Ruhla nicht weniger als 23 Metallwarenfabriken, 6 Etuisfabriken, 2 Pappen- und Kartonnagen- und 7 Pfeifenfabriken mit zusammen 2600 Arbeitern, Arbeiterinnen und Angestellten, zu denen die Einwohner der benachbarten (durch die Wutha-Ruhlaer Kleinbahn mit Ruhla verbundenen) Thüringer Wald-Randorte Kittelstal, Tal, Mosbach, Farnrode und Wutha einen beträchtlichen Teil stellen. Jeden Morgen entquillt dem ankommenden Frühzug ein dicker Menschenstrom, der sich gleich einem schwarzen Heerwurm der engen Ruhlaer Hauptstraße hinaufwindet.

Die wenigen hausindustriellen Pfeifendrechsler in Ruhla selbst und namentlich den von der (Wutha-Ruhlaer) Bahn etwas weit abliegenden Dörfern Schwarzhausen, Fischbach, Winterstein stellen nur noch letzte Reste der Ruhlaer Pfeifenindustrie in ihrer hausindustriellen Organisation des Voreisenbahnzeitalters dar; ihr endlicher Untergang ist nur eine Frage der Zeit.

Die Rohmaterialien für die Metallwaren- und Pfeifenindustrie entstammen nicht dem Thüringer Wald; nach wie vor wird der Meerschaum aus Eski-Schehr in Kleinasien, der Bernstein von der Ostseeküste, Holz und Horn in großen

Mengen aus Amerika bezogen, so daß das Gekünstelte der Gewerbeverfassung des Thüringer Waldes gerade in dem Spezialfall von Ruhla besonders sinnfällig in die Erscheinung tritt.

Glas- und Porzellanfabrikation sind die nächstwichtigen Gewerbezweige auf dem Thüringer Wald. Beide sind fabrikmäßig organisiert). Dort, wo die Glasindustrie einst entstand, hat sie auch heute noch ihren Sitz: im zentralen Gebirgsteil. Die großen Hochdörfer Gehlberg (1054 Einwohner[1]), Stützerbach (2916), Frauenwald (1250) und Neustadt a. R. (1541) sind reine Glasindustrieorte und in Schmiedefeld, Manebach, Elgersburg und Arlesberg beschäftigt die Glasbläserei große Teile der Einwohnerschaft.

Ehedem war der überquellende Holzreichtum jener Gegend Hauptveranlassung für die Entstehung der Glasindustrie. Doch mit der zunehmenden Holzverteuerung und mit dem Übergang von der vorwiegenden Brennholz- zur überwiegenden Nutzholzproduktion wurde ihr jene wesentliche Grundlage entzogen. Wie überall in Deutschland so ist auch die Glasindustrie des Thüringer Waldes zur Steinkohlen- und Generatorgasfeuerung übergegangen, so daß sie heute nicht mehr als ein bodenständiger Gewerbezweig angesehen werden kann. Was sie noch an unser Gebirge festhält und wodurch sie privatwirtschaftlich noch möglich ist, das sind die billigen Arbeitskräfte der Waldbevölkerung und die Tatsache, daß hier eine seit Generationen geschulte und so für die Gewandtheit erforderlichen Glasmacherarbeiten in hohem Grade geeignete Einwohnerschaft sitzt.

Die Thüringer Wald-Glasindustrie liefert Qualitätsware. Gläser für physikalische, chemische und pharmazeutische Zwecke wie Linsen, Prismen, Thermometer, Reagenzgläser, Kochflaschen, Arzneigläser usw. sind Hauptartikel.

Entsprechend den hochqualifizierten Leistungen ist die materielle Lage der Glasmacher auch durchweg günstig. Die Gehlberger Arbeiterschaft z. B. ist so gut situiert, daß sie sich mit den — allerdings auch wenig lohnenden — landwirtschaftlichen Nebenarbeiten garnicht mehr befassen mag. Fast ebenso liegen die Dinge in den anderen Glasindustrieorten. Frauenwald z. B., noch vor 20 bis 30 Jahren ein ärmlicher Ort, ist heute mit seinen 2 Glashütten und 8 Glasfabriken ein geschäftiges, fast wohlhabendes und schmuckes Höhendorf.

Hauptsitz der Thüringer Porzellanindustrie ist das Schwarza- und mittlere Saalegebiet. Doch auch am Nordabhang des Thüringer Waldes i. e. S. finden sich zahlreiche Porzellanfabriken, von Tambach bis Möhrenbach fast in jedem Ort eine oder mehrere (so in Tambach, Georgenthal,

[1] Nach der Zählung vom 1. Dezember 1910.

Nauendorf, Gräfenhain, Stutzhaus, Elgersburg, Manebach usw.).

Wie die Glas- so ist auch die Porzellanindustrie heute nicht mehr auf dem Thüringer Wald bodenständig, denn auch für sie kommt Ausnutzung der Holzbestände zu Feuerungszwecken nicht mehr in Betracht.

Ihren großen Aufschwung nahm die Porzellanindustrie seit der Mitte des vorigen Jahrhunderts. Mit dem beginnenden Auslandexport [1] und mit der gesteigerten Aufnahmefähigkeit des Inlandmarktes — indem Deutschland sich dichter bevölkerte und wohlhabender wurde und Porzellangegenstände in erhöhtem Maße auch in die Haushaltungen der mittleren und niederen Stände als tägliche Gebrauchsartikel eindrangen — waren die Voraussetzungen für vermehrte Fabrikgründungen gegeben. Man produzierte damals hauptsächlich Figuren und Wirtschaftsporzellan. Schon seit ein bis zwei Jahrzehnten machen sich indessen in der Porzellanbranche infolge gesteigerter Absatzschwierigkeiten nach dem Auslande Stockungen geltend. Die jungbesiedelten überseeischen Staaten gehen mehr und mehr dazu über, ihren Bedarf an Porzellanwaren selbst zu produzieren und suchen die auswärtige Konkurrenz durch Repressalien aller Art möglichst fernzuhalten. Die Wirkung macht sich auf dem Thüringer Wald in der Weise geltend, daß viele Fabriken eingehen. Doch mit Unterschied. Im zentralen Gebirgsteil weicht die Porzellanfabrikation immer mehr der stark um sich greifenden Glasindustrie. Die einst in Schmiedefeld, Frauenwald, Neustadt a. R. bestehenden Porzellanmanufakturen sind eingegangen; Glasfabriken traten an ihre Stelle. Die weiter nach Ohrdruf und Waltershausen zu liegenden Unternehmungen halten sich dagegen, weil sie mit der lebensfähigeren Spielwarenfabrikation jener Gegenden teils in enge Beziehungen getreten sind, teils von jeher waren. All die Porzellanfabriken in Ohrdruf, Gräfenhain, Nauendorf usw. fertigen heute in erster Linie Puppen, Puppenköpfe und Puppenglieder, setzen sie selbst ab, oder liefern sie den Spielwarenverlegern und Fabrikanten in Ohrdruf, Waltershausen, Georgenthal, Gotha usw. Diese Art der Porzellanfabrikation ist eher in Ausdehnung als im Rückgang begriffen — Hand in Hand mit der fortschreitend günstigen Lage der Spielwarenindustrie jener Gegend überhaupt.

Die Spielwarenhausindustrie in Catterfeld, Altenbergen, Finsterbergen und Georgenthal. Über den Hauptsitz derselben — Catterfeld — habe ich eingehende Studien gemacht und ich möchte mir nicht versagen, die Ergebnisse mitzuteilen.

---

[1] Namentlich nach den Vereinigten Staaten von Amerika.

Bis in die Mitte des 19. Jahrhunderts war Catterfeld ganz überwiegend Holzhauer-, Köhler- und Fuhrmannsdorf. Nach der Georgenthaler „Amtsbeschreibung" aus dem Jahre 1656 waren in Catterfeld unter 67 „Hausgesessenen und Hausgenossen" 22 Köhler, 18 Fuhrleute, 6 Holzhauer, 6 Tagelöhner und 4 Spinner[1]. 1728 werden 13 Holzhauer, 12 Köhler, 8 Fuhrleute und 7 Tagelöhner genannt[2].

Von jenen traurigen Notstandserscheinungen des 18. und 19. Jahrhunderts blieb auch Catterfeld nicht verschont. 1772 starben 36 Personen am Hungertyphus[3]. Fortgesetzt wird über Mangel an ausreichender Beschäftigung geklagt. Kartoffeln und Öl sind die Hauptnahrungsmittel, und sobald die Kartoffelernte schlecht ausfällt, herrscht drückende Not. Vom Jahre 1834 an liegen Angaben vor, daß Catterfelder Einwohner auswärts ihren Unterhalt suchen müssen; so 1834 22 Personen, 1856 31 und 1858 22 Personen. In Catterfeld selbst wurde jede Gelegenheit ergriffen, sich Brot zu schaffen. Die hausindustrielle Herstellung von Hemdenknöpfchen beschäftigte viele Hände; auch blühte damals das gefährliche Gewerbe der „Zapfensteigerei": Einsammeln von Tannen- und Fichtenzapfen, wobei man sich (um an Zeit zu sparen) wie ein Eichhorn von Baumkrone zu Baumkrone schwang. Wie seine Nachbarorte war auch Catterfeld seit den 40er Jahren des 19. Jahrhunderts ein Herd starker überseeischer Auswanderung[4].

Unter Anknüpfung an die herrschende Notlage fand nun auch während der 30er Jahre des 19. Jahrhunderts die von Waltershausen abhängige Puppen- und Spielwarenhausindustrie in Catterfeld Eingang. Als erste Artikel stellte man hölzerne Puppenköpfe und Leder- und Stoffbalg-Puppen (mit Säge-

---

[1] H. u. St.-A., O O I 3. (Amtsbeschreibung); außerdem noch 2 Schneider, 1 Hirt, 1 Zimmerer, 2 Metzger, 1 Branntweinbrenner, 1 Balgmacher (bei den „Spinnern" die Bemerkung: „viele spinnen im Winter"), 1 Feldgut ..., 1 Feldmeister, 1 Träger (Käse und Butter).

[2] M. A. G., Amt Ggthl., Cap. I, Tit. I, Nr. 28: „Catterfelder Beschreibung aller in hiesigem Dorf und Flur befindlichen Häuser und Güter"; dabei Namen und „Hanthierung" der Besitzer einzeln angeführt; im ganzen sind es 61, außer den obigen noch: 2 Metzger, 2 Hufschmiede, 2 Hammerschmiede, 1 Schmied, 2 Wagner, 3 Hammergewerke, 2 Leineweber, Schulz, 1 Böttner, 1 Weißbäcker, 1 „Schneider-Bursch", 1 Schneider, 1 Gerichtsschöpp, 1 Feldmeister. — Die Aufzählung der damals in C. wohnenden Familien scheint nahezu vollständig zu sein: 1 Familie zu 6 Köpfen gerechnet ergibt 366 Seelen; in der Chronik des Catterfelder Pfarrarchivs werden für das Jahr 1697 397 Einwohner angegeben.

[3] Ortschronik des Pfarrarchivs; in den benachbarten Orten Altenbergen, Finsterbergen und Engelsbach erlagen derselben Krankheit 34, 55 und 6 Personen; in Tambach (nach den „Mitteilungen des Statist. Bureaus des Staatsmin. zu Gotha", 1. Bd.) 135 Personen. — Die folgenden geschichtlichen Angaben sind — wenn nicht anders bemerkt — auch der Ortschronik entnommen.

[4] Vgl. auch L. A. O., Loc. 11, Nr. 34.

spänenfüllung) her. Mehr und mehr Personen wandten sich dieser Beschäftigung zu, doch erst mit dem Aufkommen der Papiermaché-Drückerei seit den 1850er Jahren (Täuflinge), den vermehrten Gründungen von Spielwarenfabriken in der näheren Umgebung (Ohrdruf, Georgenthal, Waltershausen usw.) und den gesteigerten Absatzmöglichkeiten seit 1860/70 wurde die Puppendrückerei und Schnitzerei zum stärkst vertretenen Gewerbe. Unter 158 wahlfähigen Einwohnern waren im Jahre 1873 (außer 27 Holzhauern) 55 Spielwarenhausindustrielle[1].

Mit der Einführung der Spielwarenhausindustrie setzte auch eine lebhafte Bevölkerungsvermehrung ein. Von 1750 bis 1816 stieg die Einwohnerzahl von 419 auf nur 451, blieb also in 66 Jahren nahezu stabil; dann kommt (mit dem Eindringen der Papiermaché-Drückerei usw.) der schnelle Aufstieg: 1834 525 Einwohner, 1858 666, 1875 841, 1895 965 und 1910 1019.

Im Sommer 1910 zählte man unter 219 Steuerzahlern 98 Heimarbeiter[2]; der Rest verteilte sich auf Holzhauer (28), Fuhrleute (6), Tüncher (11), Zimmerer (9), Böttcher (5), Tagelöhner (5), Schuhmacher (4) usw. Von jenen 98 Heimarbeitern waren 6 Korbmacher, 6 Pferdebeinschnitzer, 4 Kopfschnitzer und 4 Tier- und Menschenstimmacher; die Übrigbleibenden, also 78 Hausindustrielle, sind Puppenformer oder -drücker[3].

Diese fertigen Puppenrümpfe und -glieder in den verschiedensten Größen und Qualitäten (je nach dem Auftrag des Verlegers), indem sie angefeuchtete Pappe (unter Verwendung von Leim und Brotmehlkleister) oder selbstangerührte Papiermaché-Masse (ein Gemisch aus zerstoßener Pappe, Gips, Leim, Lein- und Brotmehl und Wasser) in Hohlformen eindrücken. Nachdem man die beiden Hälften der Puppenteile im Sommer an der Luft und in der Sonne und im Winter im Stubenofen hat antrocknen lassen, werden sie zusammengekittet, wieder einige Zeit getrocknet, dann die Formnähte weggeschnitten oder abgeschabt und schließlich die fertigen Körper mit Glaspapier sauber abgerieben[4]. In diesem rohen

---

[1] L. A. W., Loc. 56ᵃ, Nr. 7.

[2] Nach der Steuerliste desselben Jahres.

[3] Die meisten Witwen und die meisten Ehefrauen der Holzhauer, Schnitzer, Tagelöhner, Tüncher u. a. formen unter Beihilfe ihrer Kinder Pferde aus (eine ganz unregelmäßige, schwer zu übersehende und wenig lohnende hausindustrielle Tätigkeit); die Angehörigen der Puppendrücker dagegen übernehmen regelmäßig einige Arbeitsverrichtungen des Familienvaters.

[4] Hände und Unterarme, Füße und Unterschenkel werden stets massiv und aus „Masse" geformt, weil nur diese — nicht aber Pappe — sich all den feinen Vertiefungen und Fältchen (Finger, Nägel) der Gipsformen leicht anschmiegt. — Zu den besseren Puppensorten wird auch

Zustande trägt man die Puppenteile zu den Verlegern und Spielwarenfabrikanten nach Waltershausen, Georgenthal, Ohrdruf usw., wo sie fertiggemacht, d. h. die Glieder eingerenkt, mit Glasur überzogen, bemalt, bekleidet, verpackt und versandt werden. Die Arbeit der Catterfelder (wie auch Finsterberger usw.) Ausformer beschränkt sich also nur auf die erste Fabrikationsstufe der Spielwarenindustrie jener Gegend, ihre Produkte bilden für den Verleger und Fabrikanten gewissermaßen Halbzeug.

Man kann die Puppendrückerei als eine ganz mechanische Arbeitsverrichtung charakterisieren, welche eigentlich nur Ausdauer und Körperkraft verlangt, an den Kunstsinn jedoch keinerlei Anforderungen stellt. Wenn die Heimarbeiter zu Zeiten der stärksten Beschäftigung in der Spielwarenbranche — also kurz vor Weihnachten — nicht alle Arbeit bewältigen können, lassen einige Fabrikanten in ihren Arbeitssälen durch Stanzmaschinen Puppenkörper ausformen: so einfach sind also die einzelnen Arbeitsbewegungen, daß sie bereits von einem automatischen Mechanismus übernommen werden können. Doch wird die Entwicklung nicht dahin gehen, daß nun etwa alle rohen Puppenteile in geschlossenen Fabrikräumen von Maschinen werden gestanzt werden. Wenn die Maschine auch etwas schneller arbeitet als der Heimarbeiter, so ist sie ihm, was Sauberkeit und Genauigkeit der Arbeit anlangt, nach den bisherigen Erfahrungen durchaus nicht überlegen. Verwandte man bisher Stanzen, so geschah das nur bei den billigsten Massenartikeln; dem Heimarbeiter bleiben vorläufig noch die mittleren und besseren, in normalen Zeiten auch die geringeren Sorten vorbehalten. Technisch liegt heute für den Fabrikanten jedenfalls kein zwingender Grund vor, das stehende Kapital seines Betriebes durch zahlreiche Stanzmaschinen zu vermehren — er wird dem Heimarbeiter nach wie vor seine Gipsform mit nach Hause geben, ihm die Rohstoffbeschaffung aufbürden, und die Verarbeitung außerhalb der Fabrik in den Wohnungen der Waldleute vornehmen lassen.

Dabei fährt er auch wirtschaftlich besser. Die Heimarbeit ist billiger. Neben zahlreichen Stanzmaschinen müßte der Unternehmer u. a. sehr große Arbeitssäle schaffen, Trockenräume einrichten und Staubsauger anbringen lassen. Dazu hätte er vermehrte öffentlich-rechtliche Lasten zu tragen, deren Wegfall bei hausindustriellem Betrieb im Verein mit dem geringen Risiko des bei dieser Fabrikationsstufe vor-

---

ausschließlich Masse genommen. — Das Ausformen der Puppen, welches viel Körperkraft erfordert, ist Männerarbeit; Frau und Kinder verrichten die zeitraubende „Busselarbeit“, sie kitten zusammen, putzen aus, reiben ab.

wiegend mit umlaufendem Kapital arbeitendem Verlegergeschäftes die Heimarbeit der Fabrikarbeit gegenüber als besonders vorteilhaft erscheinen läßt. Bis auf weiteres wird also die Puppendrückerei in Catterfeld, Altenbergen usw. noch lebensfähig bleiben und ihr Arbeitsgebiet von der Maschine nicht vollständig übernommen werden.

Gesundheitlich zuträglich ist die Beschäftigung der Former gewiß nicht. Während des Sommers werden zwar die Fenster der Arbeitsstube geöffnet, man läßt im Vorgärtchen, auf dem Hof oder vor dem Hause die Formstücke trocknen und erledigt das Staub entwickelnde Abreiben mit Glaspapier ebenfalls im Freien. Doch während der nassen und kalten Jahreszeit müssen alle diese Arbeiten im Zimmer verrichtet werden. Wer im Winter solch eine Arbeitsstube betritt, dem strömt eine brodliche, feuchtwarme, staubige und stinkige Luft entgegen: Fenster dürfen nicht geöffnet werden, damit keine Wärme entweicht; sechs und mehr Personen befinden sich im Raum; beim Ofen und im Ofen sind die nassen, mit Kleister eingedrückten Puppenteile zum Trocknen aufgestellt, am Arbeitstisch wird emsig geformt, zusammengesetzt, beschnitten, und auf Holzklötzen oder Stühlchen sitzen Kinder und reiben und schaben die Formstücke ab[1]. Um die Staubentwicklung im Zimmer zu vermeiden, werden die Kinder zuweilen auf den Heuboden und in den warmen Kuh- oder Ziegenstall geschickt.

Während die Pferdebeinschnitzer nur wenig qualifizierte Arbeit leisten (sie werden von den Kopfschnitzern spöttelnd „Pflöckmacher“ genannt), sind die Kopfschnitzer und Stimmmacher geschicktere Leute. In 20—30 Minuten fertigt der Kopfschnitzer aus einem rohen Holzklotz in sauberer Ausführung einen Pferdekopf. Obwohl die Schnitzer stets gesucht sind und relativ gut bezahlt werden, nimmt ihre Zahl doch mehr und mehr ab. Hauptgrund hierfür ist der Holzmangel an Ort und Stelle — so komisch das klingen mag. Mühsam und mit immer steigenden Kosten müssen sie ihr Werkholz (Pappel) von weit her holen (Kühnhausen, Stotternheim), so daß der Reinertrag ihrer Arbeit fortdauernd abnimmt.

Die Stimmacher liefern Tier- und Menschenstimmen (Blasebalgform). Sie müssen vor allem findige Köpfe sein. Gelingt es ihnen, irgendeine neue Stimme zuwege zu bringen, mit welcher der Fabrikant womöglich einen neuen zugkräftigen Weihnachtsartikel herstellen kann, so haben sie gute Tage.

Wie gestaltet sich die materielle Lage der Former? Ich gehe kurz ein auf Verteilung der Arbeit während einer Woche

---

[1] Nicht viel besser ist es bei den Schnitzern, denn in der Regel drückt die Ehefrau im Arbeitszimmer des Mannes (gewöhnlich die Wohnstube) Pferdekörper.

und eines Jahres, auf die tägliche Arbeitsdauer, das Machtverhältnis zwischen Verleger und Heimarbeiter, auf Lohnhöhe und Lebensweise.

Von Sonnabend mittag bis Montag abend bleibt der Heimarbeiter in der Regel fern von seinem Arbeitstisch; denn Sonnabend nachmittag wird „geliefert“ [1], Sonntags gehts früh zur Kirche oder auf den Rohstoffeinkauf [2] und am Nachmittag zum Bier und Tanz. Montags (Holztag in Catterfeld) zieht entweder die ganze Familie ins Leseholz, oder man verrichtet zu Hause die notwendigen Feldarbeiten. Nur etwa während der letzten Wochen vor Weihnachten, wenn sich die Bestellungen bis zum Übermaß häufen und der Fabrikant treibt und drängt, wird auch Sonntags und Montags geformt. So bleiben gewöhnlich nur die Wochentage Dienstag bis Freitag oder Sonnabend mittag als eigentliche Arbeitstage übrig. Selten 10, meist 12 bis 14 und 15 Stunden ist die tägliche Arbeitsdauer; vor dem Lieferungstag sitzt die Familie — oder wenigstens das Elternpaar — oft bis 2 Uhr morgens, ja arbeitet zuweilen ganz durch.

Die Arbeitsmenge im Ablauf eines Jahres ist Schwankungen unterworfen. Nach den Frühjahrs- und Herbstmessen wird die Beschäftigung stärker, besonders aber vor Weihnachten können die Heimarbeiter ihren Brotherren nicht genug abliefern; in solchen Zeiten schicken die Verleger Bote auf Bote nach den Waldorten und lassen durch Ausklingeln bekanntmachen, daß noch Arbeit unter besonders günstigen Bedingungen zu vergeben ist. Noch vor 20, 30 Jahren herrschte nach Erledigung der Weihnachtsaufträge bis in den März hinein Arbeitslosigkeit. Heute ist die Nachfrage nach Spielwaren so groß, daß kaum mehr ausgesetzt wird — höchstens während der Inventuraufnahme in den Fabriken und Verlagsgeschäften, die jedoch nur wenige Tage in Anspruch nimmt und gewöhnlich schon in der Neujahrswoche erledigt ist [3].

Was das Machtverhältnis zwischen Verlegern und Heimarbeitern bei Festsetzung der Lohnbedingungen usw. anbetrifft, so haben die Heimarbeiter heute eine viel stärkere Position als vor ein bis zwei Menschenaltern. Damals be-

---

[1] Oft sind die Aufträge so umfangreich, daß die Ablieferung erst nach 14 Tagen erfolgt.

[2] Rohpappe z. B., meist in der Rodebachsmühle im nahen Tambacher Grund geholt.

[3] Die ununterbrochene Beschäftigung der Catterfelder Heimarbeiter ist zu einem Teile wohl auch darin begründet, daß die Waltershäuser usw. (im Gegensatz zu den Sonneberger, vgl. E. Sax, I) Spielwarenfabrikanten nicht bloße Verleger sind (im wesentlichen mit umlaufendem Kapital arbeiten und nur Kontor und Warenablieferungsstelle haben), sondern zugleich Fabrikanten mit selbständigem Fabrikbetrieb und beträchtlichem stehenden Kapital, in deren eigenem Interesse es liegt, den Betrieb möglichst kontinuierlich im Gange zu halten.

standen nur erst wenige Spielwarenfabriken und das Angebot von Arbeitskräften überstieg bei weitem die Nachfrage. Heute, wo die Hausindustriellen mit etwa 15 Fabriken in Verbindung stehen, wählt sich der Heimarbeiter seinen Fabrikanten aus; wer die besten Löhne zahlt, dem liefert er.

Die Einkommensverhältnisse der Heimarbeiter. — Nach den Lohnbüchern der Fabrikanten, nach den glaubhaften Angaben einiger weniger Hausindustrieller, den Äußerungen des Pfarrers, der Lehrer und verschiedener Unternehmer gelangt man zu folgendem Ergebnis: Jungverheiratete haben es in der Regel nicht leicht, sich durchzubringen. Oft müssen sie sich erst Land und Häuschen zusammensparen, oder sie seufzen unter drückenden Hypothekenschulden; von ihren Kindern haben sie noch keine Hilfe, und durch häufige Wochenbetten und Säuglingspflege wird dem Heimarbeiter die so nötige Arbeitskraft seiner Ehefrau zeitweilig ganz entzogen. Solche Familien bringen es — gute und weniger gute Zeiten ineinandergerechnet — auf 15—18, bestenfalls auf 20—22 Mk. Wochenreinverdienst. Nach und nach bessern sich die Verhältnisse. Wenn die Kinder der Schule entwachsen sind und nun tüchtig mit zugreifen können, steigt das Arbeitseinkommen der Familie auf 20—25, oft 30 und mehr Mk.[1]. Gelingt es den Eltern, jedes von ihren Kindern nach der Konfirmation noch einige Jahre hindurch oder — wie die Regel ist — eines oder zwei bis zu ihrer Verheiratung bei sich zu behalten und für sich mitarbeiten zu lassen, so gehen sie einem sorgenfreien Lebensabend entgegen. Bedenkt man noch, daß jede Familie ihren Bedarf an Kartoffeln selbst baut, ein Stück Wiese besitzt und etwas Schlacht- und Milchvieh im Stalle hat, so muß man sein Urteil über die Gesamtlage[2] dahin zu-

---

[1] Ich führe zwei Fälle von Entlohnung an, die man als typisch bezeichnen kann (dem Lohnbuch eines Fabrikanten entnommen):

a) Für eine Lieferung, an der Mann und Frau (Jungverheiratete) gearbeitet hatten, wurden 44,67 Mk. ausgezahlt; bleibt nach Abzug der Auslagen für Rohstoffe (rund 1/4) etwa 33 Mk. Zwischen der Ausgabe der Bestellung und der Ablieferung der Ware lagen 13 Tage.

b) Mann, Frau, 2 Kinder; 15 Tage: Bruttoverdienst 67,33, also netto rund 50 Mk.

Im Sommer und Herbst 1910 kamen Fälle vor, wo Familien nach 14tägiger Arbeit gegen 100 Mk. vom Verleger ausgezahlt bekamen.

[2] Ein annähernd richtiges Bild von der Gesamtlage des ganzen Ortes (also mit Berücksichtigung der Verschuldung — für die ich einwandfreie Zahlen nicht erlangen konnte —) ergibt sich aus der Catterfelder Steuerliste (1910); an der Hand der dort angegebenen Steuerbeträge lassen sich die Einkommen der einzelnen Zensiten berechnen. Es versteuerten

2	Zensiten	ein	Einkommen	von	3—400	Mk.,
79	„	„	„	„	4—600	„
114	„	„	„	„	6—800	„
11	„	„	„	„	8—900	„

sammenfassen, daß die Catterfelder Hausindustriellen heute in auskömmlichen Verhältnissen leben. Wohlsituiert sind sie keineswegs; leisten sie doch auch im allgemeinen nur wenig qualifizierte Arbeit! Andererseits kann man aber auch nicht von gedrückter Lage sprechen — wie so mancher Heimarbeiter glauben machen möchte. Notstandserscheinungen wie Wanderarbeit, Auswanderung usw. sind heute in Catterfeld nicht mehr anzutreffen. Auch die hausindustrielle Beschäftigung der Schulpflichtigen spielt nach den Erhebungen des Gewerbeinspektors[1] keine große Rolle mehr.

Die hauptsächlichsten der übrigen Industrien.

Von der früher am Nordabhang des Thüringer Waldes so ausgedehnten Hemdenknöpfchenfabrikation ist heute bezeichnenderweise fast nichts mehr übrig geblieben. Bezeichnenderweise — denn die Knöpfchenherstellung war eine reine Notstands- und Elendsindustrie, welche die ehemals darbende Bevölkerung mit Schundlöhnen abfertigte. Heute hat sich die Lage in den Waldorten durch Ausdehnung anderer und besser lohnender Beschäftigung so gehoben, daß sich nur noch wenige Frauen in Ohrdruf und benachbarten Dörfern mit Hemdenknöpfchenfabrikation und besonders -Aufnähen befassen.

Die Pfeifenfabrikation und hausindustrielle Pfeifendrechslerei von Ruhla und Umgebung ist bereits erwähnt worden.

Von einiger Bedeutung sind heute endlich noch die Maskenfabrikation (Haus- und Fabrikindustrie) in Manebach und Schmiedefeld, die hausindustrielle Korbflechterei in Klein-Schmalkalden (und Schönau v. d. W), die Zündholz- und Feuerschwammindustrie in Neustadt a. R. und die Zigarrenmacherei (beides überwiegend Fabrikindustrie) in Brotterode, Ober- und Unterschönau und Neustadt.

Die Feuerschwamm- und Zündholzfabrikation in Neustadt verarbeitete ehedem Baumschwamm und Holz aus den Forsten

---

5 Zensiten	ein Einkommen von	11—1300 Mk.,
4 „	„ „ „	13—1500 „
4 „	„ „ „	über 1500 „

Nach glaubwürdigen Angaben gut unterrichteter Leute und nach meiner eigenen Kenntnis der Verhältnisse sind jene Zensiten mit einem Einkommen unter 1000 Mk. wohl zu niedrig eingeschätzt worden; ich glaube, man kommt den Tatsachen näher, wenn man jene Einkommen durchgehends um 1—200 Mk. erhöht.

[1] „Verzeichnis der gewerblich beschäftigten Kinder", 1910/11; eingesehen beim Catterfelder Hauptlehrer. Während der Ferien sind die Kinder 2—4 Stunden, sonst 1—2 Stunden täglich hausindustriell beschäftigt.

des Thüringer Waldes; heute bezieht sie den Schwamm aus der Türkei und Holz aus Böhmen und den Karpaten.

Im Zusammenhang mit den aufkommendem Tabakbau im nahen Werratal entstand einst die Zigarrenmacherei des Thüringer Waldes. Heute verarbeiten die Zigarrenfabriken im Auftrage von Hamburger und Bremer Firmen meist überseeische Tabake.

Auf das Holzhauergewerbe und die Schneidemühlenindustrie, die verschiedenen Bruchsteingewerbe und den Schwerspatbergbau im Trusental, auf die letzten Reste des altehrwürdigen Köhlereigewerbes im Schmalkaldischen, die Kienrußbrennerei und Büttchenfabrikation in der Gegend von Arlesberg-Manebach und endlich auf die wirtschaftliche Bedeutung des Kur- und Badelebens und des regen Touristenverkehrs im schönen Thüringer Walde kann ich im engen Rahmen dieser Untersuchung nicht eingehen.

Schlußbemerkung.

Wenn mit dem erfolgreichen Eindringen von Fabriken in fast alle Waldorte auch die sozialen Gegensätze immer größer wurden, so hat sich doch gleichzeitig die materielle Lage aller Waldbewohner bedeutend gehoben. Die Zeiten des Notstandes gehören längst der Vergangenheit an. Die Bevölkerung hat erstaunlich zugenommen, seit 1885 um fast 80 % und die Einkommensverhältnisse der breiten Masse der Waldbevölkerung sind durchweg befriedigend, zum Teil günstig befunden worden — alles in allem, trotz der Unnatürlichkeit der gegenwärtigen Wirtschaftsverfassung, ein Aufschwung, wie er in der Geschichte unseres Gebirges nur ein Analogon hat: Die mittelalterliche Blütezeit von 1450 bis 1618.

Es geht daher nicht mehr an, daß der Thüringer Wald in der volkswirtschaftlichen Literatur als Beispiel für ein Industriegebiet angeführt wird, wo die Bevölkerung in Elendsindustrien beschäftigt wird und in den dürftigsten Verhältnissen lebt. Für die 1860er und 70er Jahre mag das zu einem guten Teil noch richtig gewesen sein, heute nicht mehr. Abgesehen von den nicht ungünstigen Lohnverhältnissen kommt bei der Beurteilung der Gesamtlage der arbeitenden Waldbevölkerung noch hinzu, daß sie gegenüber der in dumpfen Mietkasernenvierteln zusammengepferchten großstädtischen Arbeiterbevölkerung sich einer mehr dezentralisierten Wohnweise in relativ kleinen Gebirgsdörfern erfreut, daß sie ferner regelmäßig im Nebenberuf Landwirtschaft treibt, mit deren Erträgnissen sie eine Erleichterung ihrer wirtschaftlichen Existenz erfährt, abgesehen von den damit verbundenen günstigen Einflüssen auf Gesundheit, Denken und Gefühlswelt.

Trotz alledem ist der Thüringer Wald noch weit davon entfernt, ein Wohlstandsgebiet zu sein: dafür wird zu wenig Qualitätsarbeit geleistet, werden noch zu viele „billige Artikel" hergestellt.

Das erklärt sich einmal durch die vorhandenen Menschen, die (mit wenigen Ausnahmen, Glasarbeiter usw.) infolge des langen Notstandes Generationen hindurch geringe Waldarbeit leisteten und in technisch niedrig stehenden Ersatzindustrien beschäftigt waren. Es werden erst wieder Menschenalter vergehen, bis diese — im übrigen sehr findigen und gewandten — Leute von ihren Unternehmern allgemein zu hochgelohnten Qualitätsarbeitern erzogen worden sind.

Dann hängt die in Frage stehende Tatsache auch damit zusammen, daß die Thüringer Waldindustrien ihre Roh- und Hilfsstoffe von außen her beziehen müssen und so einen schweren Stand haben gegenüber ihrer Konkurrenz in anderen, günstiger gelegenen Plätzen Deutschlands und Außerdeutschlands. Völlig wird sich dieser Nachteil nie beheben lassen. Wir wissen, daß die Einfuhr von fremden Rohmaterialien der wesentliche Grundpfeiler der heutigen Wirtschaftsverfassung des Thüringer Waldes ist; würde sie abgeschnitten, müßte sich das Gebirge nahezu entvölkern. Aber lindern kann man das notwendige Übel der räumlichen Trennung vom Rohstofffundort. So versucht man (zum Teil schon mit Erfolg) durch Erlangung niedrigerer Eisenbahntarife Abhilfe zu schaffen und setzt begründete Hoffnung auf Wiederausnutzung der reichen Wasserkräfte des Gebirges durch Anlage von Talsperren und Turbinenkraftwerken, um so dem schwer empfundenen Mangel an Kohlen zu begegnen.

All diesen Bestrebungen kann man nur Erfolg wünschen im Interesse der Unternehmer und Arbeiter, denn sie sind Schritte auf dem notwendigen Wege zur Qualitätsproduktion, von der in Übereinstimmung mit den Zielen der deutschen Gewerbepolitik überhaupt die weitere Aufwärtsentwicklung unseres Wirtschaftsgebietes im wesentlichen abhängen wird.

Zweiter Teil.

Tambach, Monographie eines Gewerbedorfes im Thüringer Wald.

Vorbemerkung.

Der Thüringer Wald ist ein durch seine Eigenart nach außen hin scharf abgegrenzter Wirtschaftskomplex, dessen allgemeine Entwicklung in Geschichte und Gegenwart darzustellen Aufgabe der bisherigen Untersuchung war. Jene allgemeinen Entwicklungslinien und großen Abschnitte der Wirtschaftsgeschichte und gegenwärtigen Wirtschaftsverfassung des ganzen Gebirges finden sich gewissermaßen in verkleinertem Maßstab in der Entwicklung jedes einzelnen Walddorfes wieder — hier mehr, dort weniger und in dieser und jener konkreten Gestaltung je nach der besonderen, durch die natürliche Verschiedenheit bedingten Erwerbsgelegenheit der betreffenden Örtlichkeit (Fuhrmanns-, Holzhauer-, Glasarbeiterdörfer).

Das soll an einem Orte, Tambach, gezeigt werden, der für diesen Zweck am besten geeignet erscheint.

Tambach ist eine Siedelung, deren kleine Flur ursprünglich zwar einigen Bauernfamilien Raum bot, die sich aber auf Grund ihrer vorzüglichen verkehrsgeographischen Lage sehr bald zu einem stattlichen Fuhrmannsort umbildete, dem sich auch Holzhauer, Köhler, Holzhandwerker, wohl auch Bergleute und Eisenschmiede eingliederten. Das aufkommende Eisenbahnzeitalter ließ zunächst fast alle bisherigen Erwerbsquellen versiegen, doch nach langem Notstand wurden Ersatzindustrien eingeführt, welche den billigen und ungelernten Händen der Ortsbevölkerung ausreichende Beschäftigung gaben und so den Grund für einen sehr erfreulichen materiellen Aufschwung legten. Wie in allen Thüringer Waldorten ist gegenwärtig auch in Tambach die Wirtschaftsverfassung sehr gekünstelt und es wird, wie ebenfalls wieder auf dem ganzen Walde, noch heute recht wenig Qualitätsarbeit geleistet.

Geographische Lage.

Tambach (mit seinem Schwesterort Dietharz) liegt am Nordwestabhang des Thüringer Waldes, in der Mitte einer weiten, nach ihm benannten Rotliegenden-Mulde. Vier Gewässer, von den 300 bis 400 m höheren Rändern des Beckens herabkommend, vereinigen sich dort und finden durch den engen „Tambacher Grund“ in nordöstlicher Richtung ihren Abfluß nach dem Vorland.

Das „Rotliegende“, auf dem Ort und Flur liegen, besteht petrographisch aus dunkelrotem Sandstein und Konglomeraten mit roten Bindemitteln; die Verwitterungskrume dieser Gesteinsart ergibt einen sandigen und kiesigen, wenig fruchtbaren Boden: das Kulturland der Tambacher Flur.

Der Lage Tambachs in einer absoluten Höhe von 452 m und an der kühleren N-O-Abdachung des Gebirges entspricht sein Klima. Zahlen über Jahrestemperatur, Wärmemittel während der Vegetationsperiode waren nicht zu beschaffen. Einen ungefähren Begriff von den örtlichen Temperaturverhältnissen erhält man an der Hand der Erfahrungstatsachen, daß Aussaat und Ernte in Tambach regelmäßig 14 Tage später vorgenommen werden, als z. B. in der Gegend von Gotha (dort Aussaat Ende März, Anfang April), und daß die Frühjahrs- und Herbstfröste etwa um ebensoviel länger anhalten und früher beginnen.

Bei aller Ungunst von Bodenzusammensetzung und Klima bieten indessen die orographischen (Lage im weiten Kessel) und hydrographischen Verhältnisse doch relativ günstige Voraussetzungen für die Anlage einer Siedelung mit bescheidener Flur; die folgende Ortsgeschichte soll darüber berichten.

A. Wirtschaftsgeschichte.

Ende des 12. und Anfang des 13. Jahrhunderts zerfiel die Landschaft zwischen Thüringer Wald und Harz in etwa 30 selbständige (weltliche und geistliche) Territorien. Eines von ihnen war der Machtbereich des Grafen von Kevernburg, ein kleines Landgebiet am mittleren Nordabhang und Vorland des Thüringer Waldes von wenigen Quadratmeilen Umfang[1].

Um 1140 lassen sich Graf Sizzo von Kevernburg und seine Gemahlin zur Gründung des (Cisterzienser-)Klosters Georgenthal[2] bewegen und dotieren es mit einem Teile ihrer Besitzungen, einem Stück meist unwirtlichen Gebirgswaldes (nebst einigen darin liegenden Gütern) im Quellgebiet und Oberlauf der Apfelstädt (etwa das Tambacher Becken mit nordöstlichem schmalen Ausläufer)[3].

Während der folgenden Jahrhunderte erwirbt sich Georgenthal durch Zuwendungen aller Art in der näheren und weiteren Umgebung bis weit über Erfurt und Gotha hinaus einen aus-

[1] Landeskunde von Thüringen II, 2, S. 544, Karte.

[2] Gründungszeit unbestimmt, da Stiftungsurkunde nicht erhalten; es lag ursprünglich weiter westlich nach Kloster Reinhardsbrunn zu, wurde aber zwischen 1186 und 1193 nach dem Talausgang der Apfelstädt verlegt („. . . vallis St. Georgii“).

[3] Genaue Umgrenzung in den Bestätigungsurkunden von den Jahren 1143 und 1144 (Dobenecker, Regesta), wiederholt abgedruckt. Benutzte Literatur über das Kloster Georgenthal: Bernh. Stark, Die Cisterzienserabtei Georgenthal (Ztschr. f. thür. Gesch. u. A. I); Handschrift von Joh. Heinr. Möller, Urkundliche Gesch. des Kl. Georgenthal, Schloßbibliothek zu Gotha, Cod. Chart. A. 1060a; Winter, Die Cisterzienser des nordöstlichen Deutschland, Bd. I und II.

gedehnten Streubesitz; das einzige größere zusammenhängende Gebiet bleibt indessen jene Dotation, das eigentliche „Klosterterritorium“, „Klostereygen“.

In diesem entwickelt sich nun Tambach, das 1214 (als villa) zuerst urkundlich erwähnt wird und wohl nicht vor 1140 bestanden hat[1], nach und nach zum weitaus bedeutendsten Ort — nach Umfang und wirtschaftlicher Geltung.

Nach Fleischhauer (a. a. O. 1. Vortrag) war um 1300 die Ausdehnung von Ort und Flur Tambach noch recht gering: 16 Anwesen, von denen 13 im heutigen Oberdorf unmittelbar neben und zwischen den damals bereits gerodeten Ländereien (in der Hauptsache das heutige „Mittelfeld“) liegen. Die Einwohnerschaft setzte sich damals wahrscheinlich vorwiegend aus Bauern (Klosterbauern) zusammen, und man kann annehmen, daß die Flur im wesentlichen noch ausreichte für den Unterhalt der Bevölkerung.

Ich füge hier über die Agrarverfassung Tambachs das wenige ein, was sich nach dem dürftigen Quellenmaterial sagen läßt.

Die Abtei Georgenthal war in ihrer Blütezeit eine der reichsten in ganz Deutschland. Über ganz Thüringen erstreckte sich ihr gewaltiger Grundbesitz, der, wie erwähnt, „Streubesitz“ war und nur durch Verleihung gegen Abgaben nutzbar gemacht werden konnte. In Erfurt, Gotha, Eisenach besaß das Kloster eigne Häuser, sogenannte „graue Höfe“: Kornspeicher für die aus der Umgegend zusammenströmenden, dem Kloster zustehenden und auf den städtischen Märkten zu verkaufenden Getreide-Zinsen. Von diesem reichen Geld- und Naturalzinsbezug lebten die Klosterinsassen in späteren Jahrhunderten. Einen besonderen, für den Absatz produzierenden Großgutsbetrieb hat es beim Kloster nie gegeben. Daher lag auch der Schwerpunkt der Verpflichtungen der Tambacher Bauern ihrem Kloster gegenüber weniger in persönlichen Diensten als vielmehr in Abgaben. Offenbar bestand von vornherein die in Wald- und Gebirgsgegenden übliche „Waldsiedelleihe“, ein erbliches, gutes Besitzrecht, das die persönliche Freiheit unangetastet ließ. Noch 1642 wurden „Erbzinsen“ aus Tambach in Form von Getreide, Fastnachts- und Michaelishühnern, Pech, Unschlitt usw. entrichtet[2] — eine unbedeutende Abgabe von lediglich symbolischer Bedeutung. Wenn 1642[3], 1737[4], 1759[5] usw. auch von zu leistenden Jagd- und Waldfronden berichtet wird, so wurden diese wahrscheinlich von den Tambachern in ihrer Eigenschaft als „Amtsuntertanen“ gefordert, sie wurden einst dem Kloster als „Gerichtsherrschaft“ geleistet, in deren Besitz es sich befand.

Ich setze die Darstellung der Wirtschaftsentwicklung Tambachs fort.

Solange der Hauptverkehr über die „Loiba“ den Weg Catter-

---

[1] Manuskript von O. Fleischhauer, Vorlesungen über Tambach (jetzt im Privatbesitz des Herrn Kaufmann Witzmann in Tambach).

[2] „Amtsbeschreibung“ von Georgenthal S. 692.

[3] H. u. St. A., O O II 7, 8.

[4] T. G. A., Loc. 9, Nr. 380.

[5] T. G. A., Loc. 11, Nr. 446.

feld-Asolveroth-Dietharz-Buchenberg usw. bevorzugte, und die Klosteruntertanen von Dietharz sich an die „Trachenburg“ (unmittelbar bei Dietharz) anlehnen konnten, behauptete sich Dietharz als Hauptort des Beckens; Tambach war einige Jahrhunderte hindurch kirchlich das Filial seines Schwesterortes[1].

Mit der Verödung der „großen Straße von Asolveroth“ und der Verlegung des Hauptüberganges über die Loiba durch Tambach nimmt dieser Ort im Laufe des 13. (Nesselhof 1290 gegründet), vor allem aber des 14. und 15. Jahrhunderts an Bedeutung zu, um schließlich noch vor der Reformation seinen Nachbarort Dietharz zu überflügeln[2]: nach Durchführung der Reformation wurde die Tambacher Kirche zur Mutterkirche, die Dietharzer aber zu ihrem Filial erklärt (Regel S. 46); auch wurde schon vor der Reformation in Tambach ein Geleitshof angelegt[3].

Zu Anfang des 16. Jahrhunderts tritt uns Tambach als stattlicher Ort entgegen und vergrößert sich im Laufe desselben noch um das Doppelte: 1527 zählte man 141 hirtenschuttpflichtige Nachbarhäuser, 1594 bereits 271[4] — ohne die abgabefreien Gebäude wie Kirche, Schule, Pfarrei, Schenke usw.; das entspricht einer schätzungsweisen Bevölkerungsvermehrung (7 Einwohner pro Haus gerechnet) von rund 900 auf 1900, eine Seelenzahl, welche nach den Verwüstungen des Dreißigjährigen Krieges erst in den 1860er Jahren wieder erreicht und überschritten wurde.

Für den wirtschaftlichen Gesamtcharakter Tambachs bedeutet jene Entwicklung folgendes: sehr früh, vielleicht schon im 14., sicher aber im 15. Jahrhundert hat sich Tambach über den Zustand wirtschaftlicher Selbstgenügsamkeit hinaus entwickelt, aus einer kleinen, vorwiegend bäuerlichen Ansiedelung ist es zu einem stattlichen Gewerbedorf geworden, und die einstige Dorfgemarkung hat wirtschaftlich den Charakter einer städtischen Gemarkung angenommen, die bei weitem nicht mehr genügte für den Unterhalt der zugehörigen Bevölkerung.

Welches war die Wirtschaftsverfassung des Gewerbedorfes Tambach von ca. 1420—1620?

Wie Tambach einst infolge Verlegung des Hauptüberganges über die Loiba seinem Schwesterort Dietharz den Rang ablief, so ist es auch bis zum Dreißigjährigen Krieg und darüber hinaus vor allem Fuhrmannsort geblieben. Neben einer ganzen Anzahl Lokal-

---

[1] Regel, Peterm. S. 46 und anderwärts.

[2] Die einzelnen Phasen des Verlaufs der Straßen sind von Fleischhauer und Regel klargelegt worden mit den bedingenden und begleitenden Momenten wie Verlegung des Klosters nach dem Apfelstädttal, Zerstörung der Drachenburg und des Waldenfels bei und hinter Dietharz, Bau des Klosterhospizes „Nesselhof“ usw. Vgl. außerdem Hering, Tambach im Thüringer Wald (Mitteil. d. Vereinigung f. goth. Geschichte und Altertumsforschung, Jahrg. 1902) und die Schriften von L. und W. Gerbing.

[3] „Unterhof“ genannt, zum Unterschied vom Oberhof“, dem vermutlich ersten Anfang des heutigen Weltbades gleichen Namens (erste Erwähnung 1267); vgl. Regel, Peterm. S. 50 Anm. und Hering S. 20 und 21.

[4] Nach den Hirtenschuttregistern der betreffenden Jahre im G. A. T., Loc. 1.

wegen führten durch Tambach zwei Hauptverkehrsstraßen: 1. die Straße Hamburg, Braunschweig, Gotha, Meiningen, Nürnberg, und 2. diejenige von Frankfurt a. M. über Fulda, Schmalkalden, Erfurt nach Leipzig. Letztere war zweifellos die wichtigste, und durch die Nähe Schmalkaldens, das damals Weltruf besaß außerordentlich belebt. Der Schwergüterverkehr zwischen Frankfurt und Leipzig wird sich indessen zu einem großen Teile auf dem bequemeren Weg über Eisenach, Gotha usw. bewegt haben, denn nur leichtere Karren werden jene sehr erhebliche Steigung vom Nesselhof bis zur Kammhöhe ohne Gefahr zu überwinden imstande gewesen sein[1].

Tambach verdankt seine bedeutsame Stellung im Fuhrverkehr auf jenen Straßen einer selten günstigen verkehrs-geographischen und topographischen Lage.

Jenen beiden Hauptverkehrsstraßen stellt sich der Thüringer Wald als verkehrshindernder Wall entgegen. In ihrem Bestreben nach möglichst geradlinigem Verlauf zwischen zwei größeren Märkten (in diesem Falle also Schmalkalden und Erfurt sowie Meiningen und Gotha), überschritten sie ihn in dem ausgedehnten Rotliegenden-Gebiet des mittleren Thüringer Waldes, das auf der Nordseite des Gebirges das weite Becken bildet, in dessen Mitte Tambach liegt. Der Schnittpunkt der Luftlinien Meiningen-Gotha und Schmalkalden-Erfurt liegt genau in Tambach.

Nach Nordosten zu ist der Tambacher Kessel geöffnet durch das stellenweise recht enge Tal der Apfelstädt („Tambacher Grund"). Seit der Urbarmachung des Tambacher Grundes durch die Cisterzienser-Mönche des Klosters Georgenthal wurde — wie bereits angedeutet — die in ihrem ganzen Verlauf innerhalb des

---

[1] Über Tambachs Stellung im damaligen Fuhrverkehr vgl. die Geleitstafel des Jahres 1441 (Ges. A., Cc. S. 270, 2. Bd., Erfurt 1), das Tambacher Geleitsregister vom Jahre 1564 (Ges. A., Cc. S 395, 2. Bd. Tambach I) (beide ausführlich behandelt von L. Gerbing, Beitr. z. thüring. Geleitswesen im 16. und 17. Jahrh., Mitteil. d. Geograph. Gesellsch. für Thüringen, Bd. 13 und 15) und dasjenige vom 1. Januar bis 1. Mai 1642 (H. u. St. A., Y I b 1). Aus den Angaben über Herkunft und Bestimmungsort der in Tambach „vergleiteten" Waren ergibt sich, daß der Straßenzug Schmalkalden—Erfurt oder weiter gefaßt Frankfurt—Leipzig der sehr viel bedeutendere ist. — In der „Georgenthaler Amtsbeschreibung" des M. A. G., Dep. IV (Cap. I. Tit. I, Nr. 15) vom Jahre 1642 (S. 135) wird der Verlauf der beiden durch Tambach führenden großen Heer- und Handelsstraßen wie folgt näher beschrieben: Georgenthäler Hauptgeleits-Straßen (zur Erläuterung: 1525 das Kloster G. zerstört: das „Klostereygen" vom Landesherrn eingezogen und in ein Amt, das „Amt Georgenthal", verwandelt; ein Teil der Klostergebäude zum Amtshaus umgebaut; hier auch ein „Hauptgeleit" eingerichtet, das Tambacher Geleit drückte man dagegen zum „beygeleidt" herab). a) „Die Landt- oder Hauptstraße von Erfurt uf Schmalkalden, von dar Zur rechten handt auff Frankfurth, zu Linken gegen Franken und Nürnbergk, gehet durch und hinterm Dorf Cobstedt . . . durch Hohenkirchen und auff Georgenthal, dann ferner durch Tambach über den Thüringer Waldt bis zum Ende (?) des Neßelbergs . . ."; b) „Zur rechten Handt zwischen Erfurt und Georgenthal, die Hamburgk- oder Magdteburgerstraße, von Gotha auf Emleben, . . . und dann . . . nach dem Hiertzberge und Georgenthäler Gericht zu, allda eß in die rechte Hauptstraße fället" (d. h. nach Tambach und weiterhin wie unter a) führt).

Gebirges nur trockene, steinige Höhen benutzende „große Straße von Asolveroth“ verlassen (Hospiz am Nesselhof 1290 errichtet!) und der Hauptverkehr von der Ebene her nach Tambach hin durch den „Grund“ geleitet. Tambach liegt in bezug auf die Stelle des Talausganges der Apfelstädt (Georgenthal) einerseits und dem Rennstieg andererseits fast genau in der Mitte [1]. Während aber die Straße von Georgenthal bis Tambach nur etwa 80 m ansteigt, mußten die Fuhrleute von Tambach bis zur Kammhöhe 250—60 m überwinden [2]. Bei Tambach begann also erst der steile Aufstieg ins Gebirge; die geringe Steigung von Georgenthal bis Tambach empfand der Fuhrmann überhaupt nicht als solche, und man kann daher in bezug auf den Fuhrverkehr von einem Hineinragen des nördlichen Thüringer Waldvorlandes bis nach Tambach hin sprechen. Als korrespondierende Punkte jenseits des Kammes, wo für die von Süden und Südwesten her kommenden Warenzüge der steile Anstieg begann, sind der Nesselhof und Steinbach-Hallenberg anzusehen. Vom Beginn der starken Steigung diesseits und jenseits an gemessen, verringert sich die Breite des Thüringer Waldes in der Linie der Tambacher Passage für die Straße Gotha-Meiningen von 19 auf 11 und für die Straße von Erfurt nach Schmalkalden gar auf 6 km. Aus dieser für den damaligen Fuhrverkehr äußerst glücklichen Gestaltung der orographischen Verhältnisse erklärt sich allererst die häufige Benutzung der Tambach berührenden Thüringer Waldübergänge.

Die von Süden und Südwesten her auf jenen beiden Hauptverkehrswegen das Gebirge überschreitenden Fuhrleute erreichten da, wo Tambach liegt, gewissermaßen schon das ebene Vorland, und die von der Nordseite kommenden nahmen erst hier Vorspann, so daß Tambach naturgemäß für den Fuhrverkehr auf diesen Straßen die Rolle eines wichtigen Ruhepunktes und Vorspannplatzes von jeher gespielt haben muß.

Im Jahre 1562 gab es in Tambach 69 Pferdehalter mit zusammen 103 Pferden [3]. Diese starke Pferdehaltung hängt eng mit dem damals lebhaften Fuhrverkehr zusammen. Ein Teil jener Pferdebesitzer wird zum Gewerbe der „Anspänner“ gehört haben, welche (von der „Anspannwiese“ aus) den ankommenden Frachtwagen bis zum Rennstieg (dort die „alte“ und die „neue Ausspanne“) Vorspann leisteten. Zum andern Teil waren es wohl „Straßen- oder Frachtfuhrleute“, welche — wie noch in den 1850—60er Jahren — entweder selbst Handel trieben, oder im Auftrage von Großkaufleuten usw. nach den größeren Stapel- und Meßplätzen Deutschlands und des Auslands Waren verfrachteten [4]. Für das Jahr 1625 werden von Hering — allerdings ohne Quellenangabe — 31 Straßenfuhrleute angeführt [5]. Drittens gab es in

---

[1] Die Entfernung nach beiden Seiten hin (in der Horizontalen gemessen) beträgt rund 4,5 km.

[2] Vgl. auch Stange, Orometrie des Thüringer Waldes, S. 5 f.

[3] Hering, a. a. O. S. 72 f.

[4] M. A. G., Amt Ggthl., Kap. XVII, Tit. I, Nr. 7, S. 25: im Jahre 1663 „handelt man von Tambach aus nach Leipzig, Hamburg, Brehmen und Holland“; in H. u. St. A., YI^{b} 1^{a} ist u. a. von Tambacher Fuhrleuten die Rede, die Frankfurter Kaufmannsgut nach Leipzig fahren.

[5] A. a. O. S. 73.

Tambach Lokalfuhrleute. In dem Geleitsregister vom Jahre 1642 sind Tambacher Fuhrleute mit Namen genannt, welche Korn und Weizen zum Brotbacken, Gerste zum Brauen, ferner Garn, Salz, Heringe usw. einführen[1]. In einigen (Tambacher) Gemeinderechnungen erhalten Tambacher Fuhrleute Lohn dafür, daß sie Holz auf die Gemeindeschneidemühlen gefahren und Dielen nach auswärts verfrachtet haben[2].

Ein anderer Haupterwerbszweig der Tambacher Einwohnerschaft ergab sich aus der Ausnutzung der reichen Holzbestände. Harzscharrer, Pechsieder und Kienrußbrenner sind nachzuweisen fürs 15. und 16. Jahrhundert[3], ebenso Flößer, Blochführer und Dielenschneider[4]. Holzhauer und Köhler gab es zweifellos in nicht unbeträchtlicher Anzahl. Holzhandwerker werden vereinzelt schon früher[5], vollständig aber erst in einem Kopfsteuerregister vom Jahre 1625 aufgezählt[6]; nach diesem gab es 16 Stötzer, 7 Zimmerleute, 4 Böttcher, 4 Kammacher, 4 Schachtelmacher, 3 Schindelmacher, 2 Wagner, 2 Felgenhauer und 1 Schreiner, zusammen 43 Holzhandwerker. Die Gemeinde trieb mit dem aus der Gemeindewaldung geschlagenen Holz einen schwunghaften Handel. So wurde im Jahre 1616 nach Gotha, Erfurt, Langensalza, Bienstädt, Wiegleben, Greußen, Emleben, Sundhausen usw. Holz ausgeführt und von Walpurgis 1622 bis Walpurgis 1623 eine Summe von 851 Reichstalern 7 Groschen 7 Pfennigen aus dem Holzverkauf vereinnahmt[7].

Die drei sich bei Tambach vereinigenden starken Gebirgsbäche (Apfelstädt, Schmalwasser, Spitter) boten Gelegenheit zur Anlage von Mühlen. Für das 16. Jahrhundert sind nachweisbar: 4 Mahlmühlen[8], 5 Schneide- oder Sägemühlen[9], 1 Zainhammer und eine Lohmühle[10]. Dicht bei Georgenthal befand sich 1541 ein herrschaftlicher Eisenhammer[11], 1560 ein zweiter bei Hohenkirchen[12]. Neben dem Georgenthaler Hammer wurde nach 1550 eine „Hütte" errichtet[13], welche ihren Eisenstein aus einem Bergwerk „am Knie" und aus Schmalkalden bezog; 1642 heißt es[14]: das Eisen des Eisenbergwerks „vorn am Knie nach der Apfelstädt zu hat alleine nicht

[1] H. u. St. A., Y I b, 1.

[2] T. G. A., Loc. 1, Nr. 18 (Jahr 1552); Nr. 7, Nr. 5 usw.

[3] Ges. A., D D 605 (Jahr 1489), einige Tambacher Einwohner besitzen einen Harzwald; vgl. ferner Hering, S. 80.

[4] T. G. A., Loc. 1, Nr. 7 (1539) und Loc. 21, Nr. 745 (1538).

[5] T. G. A., Loc. 1, Nr. 11 (1539) ist von Zimmerleuten die Rede; Loc. 1, Nr. 18 von Böttchern und Fenstermachern. In H. u. St. A., D D II 13 m (1563) werden „Kammacher" (Kannenmacher) genannt.

[6] Hering S. 75.

[7] T. G. A., Loc. 4, Nr. 88.

[8] Manuskript von O. Fleischhauer.

[9] Drei davon sind Gemeindeeigentum; T. G. A., Loc. 1, Nr. 7 (1538). Die Gemeinde zahlt Lohn an Tambacher Fuhrleute, welche Holz (blocher) auf die „Ober-, Mittel- und Untermul" gefahren haben. Die beiden anderen Schneidemühlen waren herrschaftlich (Ges. A., D D 1094; Jahr 1569).

[10] Hering, S. 26, Anm. 5 (Jahr 1594).

[11] Ges. A., B B 189. [12] Ges. A., T fol. 413 b. c 6.

[13] Ges. A., T fol. 421 b. L.

[14] M. A. G., Georgenth. Amtsbeschrbg. S. 245.

verarbeitet werden können, sondern ist als Zusatz zu den Schmalkalder Steinen uffm Hammer zu Georgenthal verbraucht worden".

In der Lokalliteratur[1] ist die Ansicht verbreitet, daß Tambach vor dem Dreißigjährigen Krieg Sitz einer bedeutenden Eisenindustrie gewesen sei. Als Beleg wird gewöhnlich eine Stelle aus der „Amtsbeschreibung" (1642)[2] angegeben, ein Verzeichnis der „Handwergker in Tambach", in welchem u. a. aufgeführt werden: „12 Stahlschmied, 14 Bohrschmied, 22 Klingenschmied, 23 Fingerhutmacher". Regel, dem ein anderes Exemplar der „Amtsbeschreibung" vorgelegen hat[3], führt noch an „eine Menge Büchsenmacher, Panzerer, Messer-, Säbel-, Sensen-, Säbelklingenschmiede, Feilenhauer, Röhrenschmiede, Grobschleifer"[4].

Ich habe für diese Angaben der Amtsbeschreibung keine weiteren Belege finden können, halte sie indessen für zuverlässig und verwertbar. Denn damit wäre die sprungweise Vergrößerung Tambachs im 16. Jahrhundert, die durch einen noch so bedeutenden Aufschwung des Fuhrverkehrs allein nicht herbeigeführt worden sein kann, wirtschaftlich besser motiviert. Wenn nach einem Kopfsteuerregister vom Jahre 1625 nur noch 18 Eisenhandwerker in Tambach lebten, so kann dieser Rückgang mit den Verwüstungen des Dreißigjährigen Krieges in Zusammenhang gebracht werden. Aber zweifellos ist die mittelalterliche Blütezeit Tambachs mit zurückzuführen auf den lebhaften Durchgangsverkehr.

Tambachs bedeutsame Stellung im Fuhrverkehr auf zwei Hauptadern des interlokalen Warenhandels kommt auch darin zum Ausdruck, daß es während seiner mittelalterlichen Blütezeit über einen Jahrmarkt[5] verfügte, der — wie überall sonst — dem Handel im großen Stile diente. Wochenmärkte sind für die Zeit vor dem Dreißigjährigen Krieg nicht nachzuweisen (obwohl sie sehr wahrscheinlich sind), aber die Ein- und Durchfuhr von Getreide war, so weit unsere Quellen zurückreichen, von jeher bedeutend. So wurden vom 1. Mai bis 1. November 1564[6] „214 Karren Korn und ein Wagen Getreide und 12 Karren Hafer" in Tambach verzollt. Unter allen vom 1. Januar bis 1. Mai 1642[7] vergleiteten Waren nimmt Korn die erste Stelle ein: 113 Träger, 42 Pferde und 40 Schubkarren.

Mit dem lebhaften Straßenfuhrverkehr hängt endlich auch der auffallend starke Bier- und Weinkonsum zusammen, wie er sich aus den Tranksteuerverzeichnissen[8] der späteren Zeit ergibt, ebenso wie der ausgedehnte Bier- und Weinhandel, der (neben

[1] Regel, Peterm. S. 46; Mitteilungen des Statist. Bureaus des Staatsministeriums zu Gotha, I. Bd., usw.

[2] M. A. G., Dep. IV, S. 335.

[3] Das im Ohrdrufer Landratsamtsarchiv aufbewahrte.

[4] Peterm. S. 46.

[5] In den Akten des T. G. A. oft erwähnt; vgl. auch Hering S. 83.

[6] Geleitsregister Ges. A., Cc S 395, 2. Bd. Tambach I (L. Gerbing, a. a. O.).

[7] Geleitsregister H. u. St. A., Y I b 1.

[8] So sind z. B. vom 10. April bis 14. Sept. 1765 1289 Eimer Bier versteuert worden; von März bis Sept. 1769 1092 Eimer 19 Kannen. (T. G. A., Loc. 12, Nr. 479). 1550 wurden (nach Hering S. 80) rund 800 Eimer (à 72,8 l) oder 580 hl. gebraut.

dem Holzhandel) das finanzielle Rückgrat der Gemeindekasse bildete[1].

Hier sei auch noch der Ortsplan Tambachs erwähnt. Erst in der Zeit vom 13. bis 16. Jahrhundert erhielt Tambach seinen langgestreckten, in der Mitte (an der Kirche) geknickten Ortsplan, entstand das Unterdorf und der größere Teil des Oberdorfes mit seinen seitlichen Ausläufern. Das Bemerkenswerte ist dabei, daß die Häuserreihen den verschiedenen in Tambach einmündenden und in ihrem Verlauf wechselnden Verkehrsstraßen entlang gebaut wurden, so daß sich gerade auch in der Gestaltung des Ortsplanes[2] das „Fuhrmannsdorf" Tambach ausspricht.

Während des Dreißigjährigen Krieges litt Tambach furchtbar. Teuerung, Seuchen[3], Brände, Plünderungen und Erpressungen[4] reduzierten Bevölkerung und Häuserzahl ganz erheblich und vernichteten den Wohlstand. Nach der „Amtsbeschreibung" (a. a. O.) waren im Jahre 1642 von 300 Hofstätten nur noch 169 bewohnt, 77 lagen „wüste" und 54 fand man „ganz ledig". Dementsprechend war auch die Bevölkerung bedeutend verringert. Von rund 2000 vor Ausbruch des Krieges war sie im Jahre 1642 bis auf 7—800 zusammengeschmolzen: man zählte nur noch 104 „haußgeseßne Männer" und 16 „Haußgenoßen", außerdem — sehr bezeichnend — 44 „haußgeseßne Wittfrauen". Der Viehstand hatte sich sehr vermindert und fast die Hälfte der Felder und Wiesen in der Ortsflur lag verwüstet[5]. Der Gemeinde ist eine so unerhörte Schuldenlast erwachsen, daß sie „bei der größten Anstrengung kaum je zu tilgen sein wird"[6]. — Während im Jahre 1625[7] u. a. 43 Holzhandwerker, 19 Eisenschmiede, 10 Schneider, 10 Metzger, 5 Bäcker gezählt wurden, gab es im Jahre 1642[8] nur noch 12 Holzhandwerker, 12 Eisenschmiede, 4 Schneider, 7 Metzger, 3 Bäcker usw.

---

[1] Vgl. die zahlreichen Kämmerei- und Gemeinderechnungen des T. G. A.

[2] Vgl. auch die Ausführungen und Skizzen in Fleischhauers Manuskript a. a. O.

[3] Vgl. die Tambacher Ortschronik des Pfarrarchivs und die Kirchenmatrikel.

[4] Die Gemeinderechnungen (T. G. A.) aus jener Zeit sind voll von Angaben über Erpressungen (Geld, Bier usw.) seitens der durchziehenden Truppen.

[5] M. A. G., Cap. I, Tit. I, Nr. 18: Der Viehbestand nach Art und Menge, die bebauten und wüst liegenden Felder und Wiesen (ackerweise) genau aufgezählt.

[6] M. A. G., Cap. I, Tit. I, Nr. 42, S. 181 (Jahr 1642).

[7] Kopfsteuerregister s. Hering S. 75.

[8] „Amtsbeschreibung". Verzeichnis „waß itzo daselbsten noch an Bewohnern, Feuerstedten, auch wieviel derselben wüste, Inngleichen wieviel ledige Hofstedte, wieviel Mannschaft, Wittfrauen und Haußgenossen und waß jedweder sein Hanthierung ist gefunden worden". Die „Hanthierungen":

13 Leineweber,	2 Büchsenschlagmacher,	1 Eisenkrämer,
13 Fuhrleute,	1 Böhrenschmied,	1 Eisenhändler,
10 Schubkärrner,	1 Fingerhutmacher,	5 Stutzmacher (Stötzer),
2 Hufschmiede,	1 Schleifmühlenbesitzer (Spittermühle),	2 Schachtelmacher,
1 Klingenschmied,		1 Schindelmacher,
1 Grobschleifer,		1 Wagner,
3 Ahlenschmiede,		

Aus dem Jahre 1656[1] ist uns abermals ein genaues Einwohnerverzeichnis mit Angabe der „Hanthierungen“ erhalten. Es zeigt im wesentlichen dasselbe Bild -- mit einer geringen Wendung zum Besseren, denn die einzelnen Gewerbe sind gegen 1642 wieder etwas stärker vertreten. So ist die Zahl der Fuhrleute von 13 auf 32 gestiegen, der Leineweber von 13 auf 22[2]; der Holzhauer und Köhler 2 : 9, der Tagelöhner 1 : 15, der Holzhandwerker 13 : 18, der Eisenschmiede 11 : 13 usw.[3].

Während andere gothaische Waldorte (Ruhla) unter dem tatkräftigen Schutz Herzog Ernst's des Frommen von den schweren Wunden des großen Krieges sich verhältnismäßig bald wieder erholten, wurde Tambach durch besonders schwere und zahlreiche Unglücksfälle immer und immer wieder in seiner Aufwärtsentwicklung gehemmt; es blieb bis in die 1890er Jahre (mit einigen Auf- und Abwärtsbewegungen) ein verarmter Ort.

Im Jahre 1684 brannte der Ort nieder bis auf zwei Häuser. Wenn auch die Not durch (von überallher gesandte) Spenden und Almosen gelindert und Tambach in kurzer Zeit wieder aufgebaut wurde, so kamen doch notwendigerweise viele von den Betroffenen an den Bettelstab.

Einmal um dem schwergeprüften Ort wieder aufzuhelfen, dann aber auch angeregt durch die merkantilistischen Anschauungen ihrer Zeit erleichterten die Landesherrn durch billige Holzabgabe

---

1 Schreiner,
1 Rademacher,
1 Fälgenhauer,
2 Holzhauer,
1 Zimmermann,
1 Taglöhner,
1 Müller,
1 Müllersknecht,
1 Handelsmann,
1 Stadtgerber,
1 Glasschneider,
4 Schneider,
2 Schuhmacher,
7 Metzger,
4 Bäcker,
1 Gemeinde-Brauer,
1 Organist,
1 Bader,
1 Forstmeister,
Heimbürge, der Gemeinde-Schreiber,
-Kuhhirdt,
-Knecht.

[1] H. u. St. A., O O I 3.

[2] 22 Weber sind zuviel für den rein lokalen Bedarf (1625 waren es 14). Wie damals die Leineweberei am ganzen Nordabhang des Thüringer Waldes (besonders den Vorbergen) verbreitet war, so wird auch der größere Teil jener 22 Weber für die Großhändler in Friedrichroda, Waltershausen usw. gearbeitet haben.

[3] Ich lasse das vollständige Verzeichnis folgen:

32 Fuhrleute,
22 Leineweber,
15 Tagelöhner,
6 Holzhauer,
3 Köhler,
8 Stötzer,
3 Kannenmacher,
1 Schachtelmacher,
1 Schindelmacher,
1 Büchsenschäffer,
1 Büttner,
1 Wagner,
1 Harzscheerer,
1 Blochführer,
1 Zimmerer,
1 Felgenmacher,
7 Schlosser,
3 Hufschmidte,
1 Hammerschmidt,
1 Röhrschmidt,
1 Nagelschmidt,
1 Klingenschmidt,
1 Hammergewergk,
1 Schubkärrner,
1 Holzwahrträger,
1 Eisenwahrträger,
1 Glasträger,
1 Handelsmann,
1 Krämer,
5 Metzger,
4 Gastwirte,
3 Bäcker (davon ein „Gemeinde-Beck“), einer zugleich „Glaitseinnehmer“,
1 Braumeister,
3 Müller,
1 Schuster,
1 Fenstermacher,
1 Bader,
1 Organist,
1 Holzförster,
1 Totengräber,
der Gemeinde-Hirt,
-Schäfer,
-Schreiber,
-Knecht.

und niedrige Erbzinsen die Errichtung von gewerblichen Unternehmungen wie Mühlen, Manufakturen usw.

Auf eigne Rechnung hatte der Landesfürst bereits während des Dreißigjährigen Krieges eine Glasmanufaktur in Tambach errichtet und für sie einen Glas- und einen Hafenmacher aus Venedig beigezogen. Das Unternehmen glückte indessen nicht; es mangelte ihm am nötigen Absatz und ging wieder ein[1].

1659 erhält ein Tambacher Einwohner die Erlaubnis zur Umwandlung einer Mahlmühle in eine Papiermühle[2]; um 1670 errichtet die Gemeinde eine Ziegelhütte[3]. 1687 wird da, wo vorher die „alte Erfurt'sche Schneidemühle" gestanden hat, ein Eisenhammer mit Zainwerk aufgebaut[4]. 1650 und 55 wird je eine neue Schneidemühle[5] und 1657 durch Bastian Hünfeld eine Walk- und Lohmühle errichtet[6]. Mit Schmalkalder Kapital beginnt Ludwig Vier aus Tambach im Jahre 1706 ein Bergwerk am Sperrhügel (Silber, Kupfer, Blei u. a. Metalle)[7]; schon drei Jahre später erzielt man keinen Überschuß mehr und läßt es wieder eingehen[8]. 1709 erhält Paul Fiedler aus Tambach einen Mutschein für Bergbau am Hangweg auf „allerhand Mineralien und Metalle"[9] — man sieht, wie sich unter landesherrlicher Förderung Unternehmungslust und Schaffensdrang wieder in erfreulichem Maße regen.

Ein genaues Einwohnerverzeichnis mit Angabe der „Hanthierungen" liegt wieder für das Jahr 1731 vor[10]. Gegenüber 1656 ist die Einwohnerzahl um 400 bis 500[11] gestiegen. Fast alle Gewerbe sind wieder stärker vertreten: 18 Holzhauer, 9 Köhler, 17 Fuhrleute, 33 Holzhandwerker, 40 Eisenschmiede, 31 Tagelöhner, 27 (1733: 39[12]) Leineweber usw.[13]. Die vermehrte Zahl der Leineweber steht im Zusammenhang mit der um jene Zeit steigenden Bedeutung der Hausweberei auf dem Thüringer Walde überhaupt. Die Leineweberei findet in Tambach insofern eine gewisse natürliche Grundlage, als die Lohnbleicherei dank der beim Orte

---

[1] M. A. G., Kap. XXII, Tit. V, 2 (Glashütte zu Tambach) 1636—1639.
[2] L. A. O., Loc. 30, Nr. 3.
[3] L. A. O., Loc. 30, Nr. 3a.
[4] L. A. O., Loc. 30, Nr. 3.
[5] M. A. G., Dep. IV, Amt Georgenthal.
[6] M. A. G., Dep. IV., Amt Georgenthal.
[7] M. A. G., Dep. IV, Amt Ggthl., XIX, 13.
[8] Ebenda XIX, 21. [9] Ebenda.
[10] T. G. A., Loc. 8, Nr. 327.
[11] Sie betrug rund 1200; 1758 (T. G. A., Loc. 11, Nr. 450): 1215 Seelen.
[12] L. A. O., Loc. 30, Nr. 5.
[13] T. G. A., Loc. 8, Nr. 327, Verzeichnis der „Nachbarschaft":

17 Fuhrleute,	1 Blochführer,	4 Bäcker,
27 Leineweber,	4 Schlosser,	1 Wirt,
31 Tagelöhner,	9 Hufschmiede,	13 Schuhmacher,
18 Holzhauer,	9 Hammerschmiede,	5 Schneider,
9 Köhler,	10 Nagelschmiede,	2 Sattler,
15 Böttner,	6 Messerschmiede,	1 Seiler,
3 Wagner,	1 Büchsenmacher,	1 Hammergewerk,
11 Zimmerer,	1 Schmiedegesell,	3 Papiermacher mit
3 Schreiner,	11 Metzger,	2 Gesellen,

liegenden guten Wiesen und des klaren, weichen Quellwassers damals eine nicht unbeträchtliche Rolle spielte. 1733 werden Garn- und Tuchbleichen[1], 1784[2] 11 Bleicher erwähnt. Bereits im 17. Jahrhundert scheint die Lohnbleicherei lebhaft betrieben worden zu sein, denn vom 1. Januar bis 1. Mai 1642 wurden in Tambach 53 Träger, 2 Pferde und 1 Schubkarren mit Garn vergleitet[3]. — Wie sehr aber Tambach durch den Brand des Jahres 1684 zurückgekommen ist, läßt sich aus der starken Vermehrung der Tagelöhner ersehen.

Seit Anfang der 1730er Jahre schweben zwischen Regierung und Gemeinde Verhandlungen wegen Verleihung des Stadtrechtes an Tambach. Dabei wurden über den wirtschaftlichen Stand Tambachs Erhebungen[4] veranstaltet, die uns noch erhalten und von Wert sind. Nach ihnen waren 1733 in Tambach vorhanden: 1 Kirche, 2 Pfarr- und 3 Schulwohnungen, 5 Gemeindehäuser wie Schenke, Malzhaus, Brau- und Backhaus, Schäferei und Hospital („wie besonders die Schenke zum Rathaus geräumig und bequem ist“), ferner 306 Wohnhäuser und 33 wüste Hofstätten mit 296 Nachbarn (exklusive 2 Pfarrer) und 33 Hausgenossen.

Von Mühlen und anderen größeren gewerblichen Anlagen werden aufgezählt: 3 Mahlmühlen, 2 Eisenhämmer, 1 Drahthütte, 1 Ölmühle, 1 Lohmühle, 1 Papiermühle und eine Ziegelhütte.

„Die Nahrung des Ortes besteht aus Holz- und Zimmerhauern, Köhlern, Handwerkern, Viehzucht und Fuhrwerk inner Landes mit Kohlen, Holzfuhren und Eisenstein; außerhalb Landes aber mit Güther- oder Frachtfuhren so in das ganze Römische Reich, die Schweiz, Hessen auch Sachsen und Brandenburg gehen“.

„Was vor Landstraßen durch Tambach gehen: Die Haupt- und Land- oder Heerstraße aus Chur-Sachsen und Brandenburg nach Hessen, Nürnberg und Frankfurt und so ferner ins ganze Römische Reich, wobei die Ausspanne in Tambach geschehen, oder Vorspann über den Wald allda genommen werden muß, wie denn jährlich allda über 40 Pferde gehalten werden“.

Es bestehen drei Gasthöfe: „Zum Löwen, Zum Bären, Zum Lamm; sind alle wohl conditionieret, mit feinen Zimmern ausgestattet und mit geräumiger Stallung und genügend Fütterung wohl versehen“.

Auch „fährt die Hamburger Post von Gotha nach Schmalkalden allhier wöchentlich zweimal ein und aus“.

Ich fahre in der historischen Betrachtung fort.

Wie fast alle anderen Waldorte, so litt auch Tambach sehr unter der Holzverteuerung.

Schon vor 1730 hatte die gothaische Regierung die Holztaxen erhöht. Jetzt (1730), „weil der Wald zeithero sehr dünne und das

---

1 Mühlenmeister, 1 Mahlmüller, 1 Müllerknappe, 1 Öhlschläger, 2 Viehhändler, 1 Träger, 1 Schultheiß, 1 Gemeindeschreiber, 2 Hirten (Ober- und Unterhirt), 1 Schäfer.

[1] L. A. O., Loc. 30, Nr. 5.

[2] M. A. G., Amt Georgenthal, XV, 93.

[3] Geleitsregister H. u. St. A., Y I b 1.

[4] L. A. O., Loc. 30, Nr. 5.

Holz strenge"[1] geworden war, greift sie ganz energisch ein; sie läßt abermals eine bedeutende Steigerung der Holztaxpreise eintreten[2], beschränkt die Holzabgabe an die Eisenhämmer auf ein Viertel des bisherigen Quantums und verbietet die Holzausfuhr nach den auswärtigen Hämmern (z. B. in Zella-Mehlis und Schmalkalden) ganz und gar[3]. Daraufhin flehen sämtliche Hammergewerke des Tambacher Grundes, auf sie die neue Taxe (vom 26. Februar 1730) nicht anzuwenden, wenn es aber doch dabei bliebe, so werde „die ganze Nahrung der armen Waldleute als Holzhauer und Köhler, Hammerschmiede und Fuhrleute hin sein, besonders deshalb, weil viele Berge ganz geschlossen werden sollten".

Den Holzhauern und Köhlern werden wirklich auch die Ernährungsmöglichkeiten wesentlich gekürzt, denn die Catterfelder und Tambacher Köhler dürfen nur noch an solche Gewerke Kohlen liefern, die „gnädigste Rescripte haben"[4]; die auswärtigen Hämmer, besonders die Schmalkaldischen, welche bisher viel Holz aus den Tambacher Forsten bezogen[5], sollen nach jener Verordnung gar keins mehr erhalten[6]. 1737 wird auch die Holzkohlenausfuhr nach anderen Landen verboten[7]. Zugleich werden die Köhler angewiesen, die von den seit vielen Jahren abgehauenen Bäumen zurückgebliebenen Wurzelstücke auszuroden und zu verkohlen; die gewonnenen Kohlen sollen sie dann nur nach „inländischen" Hammergewerken schaffen lassen[8].

Zum Überfluß brach in den Jahren 1737 und 1759 wieder Großfeuer aus; 1737[9] brannten nieder: 104[10] Wohnhäuser und das Pfarrhaus, die Schenke, das Spritzenhaus, die Schäferwohnung mit Schafstall, das Malz- und Darrhaus samt Vorräten an Malz, Gerste, Schindeln und anderem Holz, auch eine Papiermühle war den Flammen zum Opfer gefallen. 1759[11] wurden 136 Häuser in Asche gelegt.

Die Regierung sucht dem schwergeschädigten Ort durch künstliche Mittel wieder aufzuhelfen.

Die seit Anfang der 1730er Jahre schwebenden Verhandlungen wegen Verleihung des Stadtrechtes werden jetzt wieder aufgenommen. Das Resultat ist (für Tambach) ein negatives, da sich die Ältesten von Tambach ablehnend verhalten[12] und

---

[1] M. A. G., Amt Georgenthal, XXIII, II, 52, S. 6.

[2] Ebenda S. 12. [3] Ebenda S. 67. [4] Ebenda S. 72.

[5] M. A. G., Amt Georgenthal, XXIII, I, 16, S. 5 (1737): Das „alte Stahlschmidtskollegium in Schmalkalden" bittet um Holz (sich dabei auf den gegenseitigen Holz- und Eisensteinaustausch berufend); S. 9: bisher haben auch die „Gewerke in Hohleborn und Klein-Schmalkalden" aus dem Amt Georgenthal Holzkohlen erhalten.

[6] M. A. G., Amt Georgenthal, XXIII, II, 52, S. 67.

[7] Ebenda S. 9. [8] Ebenda S. 16.

[9] T. G. A., Loc. 21, Nr. 750.

[10] Ortschronik des Pfarramtes.

[11] Ebenda.

[12] „Sie hätten nicht sowohl ein Stadtrecht verlanget, als nur um Erlaubnis gebethen, ihre Kirchmeß zugleich mit dem Vogelschießen halten zu dürfen", auch „hätten sie sich vom großen Brand noch nicht wieder erholt" und „könnten von verbeßerter Nahrung garnichts sagen" (L. A. O., Loc. 30, Nr. 5).

der Herzog den Ort noch nicht des Stadtrechts für würdig erachtet[1].

Auf Ansuchen erhält Tambach im Jahre 1748 das Recht, seinen Jahrmarkt auf „Dienstag nach Trinitatis“ zu verlegen und ihn mit dem Vogelschießen zusammen abzuhalten[2].

Um jene Zeit ist Tambach auch im Besitz von zwei Wochenmärkten — in den Marktregistern „Korn- oder Fruchtmärkte“ genannt, weil die Anfuhr so gut wie ausschließlich in Weizen, Korn, Hafer und Gerste bestand.

Diese Wochenmärkte hatten überlokale Bedeutung, denn nicht nur die Tambacher versorgten sich dort mit Brotgetreide und Braugerste, sondern auch die Bewohner der umliegenden Waldorte und die Leute vom Südabhang des Thüringer Waldes, aus den sterilen Buntsandsteingebieten der kurhessischen Ämter Steinbach-Hallenberg und Schmalkalden. 1790[3] erschienen u. a. Einwohner aus Dietharz, Finsterbergen, Viernau, Benshausen und Griesles. Heß[4] beschreibt, wie noch bis 1825 das Getreide (vom Tambacher Kornmarkt aus) auf Saumpferden, Eseln oder auf dem Rücken von Trägern[5] über den Rennstieg hinüber „ins Hessische“ geschafft wurde.

Die in Tambach zu Markte gebrachte Frucht stammte aus dem nördlichen Thüringer Waldvorland, dem fruchtbaren Thüringer Becken. Entweder erschienen die Landleute selbst auf dem Tambacher Kornmarkt, oder Emleber, Tambacher und Dietharzer Fuhrleute und Pferdetreiber erhandelten das Getreide auf den Wochenmärkten von Gotha, Arnstadt oder Erfurt, um es wieder in Tambach abzusetzen. Schon lange bevor Tambach sein Wochenmarktrecht besaß, bestand ein regelmäßiger Getreidebezug vom Flachlande her; so heißt es 1712, daß die Fuhrleute aus Tännstädt, Mühlhausen, Langensalza, Nordhausen usw. hierher nach dem Wald kommen, um Getreide zu verkaufen und Dielen, Schwarten, Holz, Holzkohlen, Eisen usw. wieder mit zurückzunehmen[6].

Nach den Mitteilungen des Statistischen Bureaus des Staatsministeriums zu Gotha[7] soll für den Tambacher Fruchtmarkt der Umstand besonders förderlich gewesen sein, daß die Bauern und Fuhrleute des Flachlandes, welche Frucht zuführten, hier auch stets volle Rückfracht, namentlich Feuerholz (Scheitholz, Rollen, Stocken, Reisigwellen) fanden. Wesentlich aus diesem Grunde konnten sie die Tambacher Wochenmärkte mit mehr Vorteil besuchen, als z. B. die Ohrdrufer und Waltershäuser. Vor 1800 soll der Tambacher Markt daher auch bedeutender als der Waltershäuser und Ohrdrufer gewesen sein, er soll nur dem Gothaer (innerhalb des Herzogtums) nachgestanden haben.

---

[1] „Er wolle nicht abschlägig sein, wenn nur das Gebäude in die Höhe käme und etwas beßre Nahrung sich ereignete, indem die Gemeinde noch nicht wieder imstande sei, als sie vormahls gewesen . . .“ (T. G. A., Loc. 8, Nr. 302).

[2] M. A. G., Amt Ggthl., XV, 68 (Abschrift), Original in den Händen des Bürgermeisters.

[3] T. G. A., Loc. 19, Nr. 693.

[4] Mitteilungen des Statist. Bureaus des Min. zu Gotha, I. Bd.

[5] Vgl. die „Pferde“ und „Träger“ in obigem Geleitsregister.

[6] M. A. G., Amt Ggthl., XVII, I, 23, S. 104. [7] 1. Bd.

Alle wohlgemeinten Regierungsmaßregeln vermochten indessen den weiteren Niedergang Tambachs nicht aufzuhalten. Die Menschen vermehrten sich, aber die Ernährungsmöglichkeiten nahmen fortdauernd ab. Im Zusammenhang mit der Holzverteuerung büßt Tambach (Mitte des 18. Jahrhunderts) seine ohnehin nicht bedeutende Eisenindustrie bis auf ganz geringe Reste ein. Seit dem Übergang von der vorwiegenden Brenn- zur überwiegenden Nutzholzproduktion, seit den vermehrten Wegebauten usw. wird die „Nahrung aus dem Walde“ (Leseholzsuchen), auf welche der größere Teil der Tambacher Einwohnerschaft angewiesen ist, mehr und mehr verkürzt. 1842 brennt der halbe Ort nieder. In den 1850er Jahren verliert Tambach seinen Fruchtmarktverkehr und mit Aufkommen der Eisenbahnen hört auch der früher so beträchtliche Fuhrmannsverkehr auf.

Ich gehe auf die einzelnen Phasen dieser absteigenden Entwicklung näher ein.

Infolge der Holzverteuerung kommen bei Tambacher und Catterfelder Köhlern allerhand Unterschleife vor[1]. 1754 wird die Privatköhlerei gänzlich aufgehoben[2]. Im selben Jahre bitten die Zimmerleute aus Tambach und anderen Waldorten um vermehrte Holzabgabe, da „sie sonst verderben würden[3]. 1769 heißt es, daß die Mühlen, die Zimmerer, Wagner und Böttner des eignen Landes nicht ausreichend mit Holz versorgt werden können[4].

Ganz besonders scharf geht die Regierung gegen die Eisenhämmer vor. Nach dem Rat des Forstmeisters Ziegler[5] (Amt Georgenthal) wäre es besser, „wenn die Hämmer von Stund an abgestellt würden, denn der Genuß derer Erbzinsen und Steuern davon sei eine bagatelle gegen den dahero hauptsächlich mit rührenden ruin des Waldes“. Anfangs begnügte sich die Regierung damit, den auswärtigen Hämmern gar kein Holz mehr zu verabfolgen und den inländischen, also auch den Tambacher Hammergewerken, das ihnen bisher zugebilligte Holz- und Holzkohlenquantum zu verkürzen. Die Folgen waren ständige Klagen[6] und zeitweises Stilliegen der Hämmer[7]. Die Regierung gelangte indessen mit der beschränkten Holzabgabe nicht zum Ziele. Um den Holzverbrauch genau regulieren zu können, „sollen sämtliche Privathämmer“ eingezogen und zur ungestörten Deckung des Eisenbedarfs im Lande ein „herrschaftlicher doppelter Hochofen mit Gewinn und Förderung der Eisenwaren“ erbaut werden[8]. 1754 ist dieser Hochofen im nahen Luisenthal errichtet[9] und schon einige Jahre später sind sämtliche Privat-Eisenhämmer in und bei Tambach außer Betrieb[10]. An ihre Stellen treten Öl- und Schneidemühlen[11].

---

[1] M. A. G., Amt Ggthl., XXIII, I, 16, S. 23 (1737).

[2] H. u. St. A., D D I, 26.

[3] Ebenda. [4] Ebenda S. 32.

[5] M. A. G., Amt Ggthl., XXIII, II, 52, S. 55.

[6] M. A. G., Amt Ggthl., XXIII, I, 16, S. 5; ebenda II, 52, S. 21; H. u. St.-A., D D I, 26 usw.

[7] M. A. G., Amt Ggthl., XXIII, I, 16, S. 15.

[8] H. u. St.-A., D D I. 26. [9] Ebenda. [10] Ebenda.

[11] 1755 darf „Rath Weidner“ seinen Eisenhammer bei Georgenthal abreißen (samt d. Kohlen-Häusern) und an s. Stelle eine Ölmühle nebst Graupengang anlegen (H. u. St.-A., T T III c 11). 1759 ist eine Papier-

1772 starben, nachdem auch schon im vorhergehenden Jahre Mißwachs geherrscht hatte und die Getreidepreise auf das Dreifache ihres normalen Betrages gestiegen waren[1], 135 Menschen am Hungertyphus[2] — ich komme darauf später zurück.

Seit den 1820er Jahren nahm der Fruchtmarktverkehr ab und hörte kurz nach 1855 ganz auf[3]. Früher bevorzugten die Bauern und Fuhrleute des Flachlandes bei ihrem Getreideabsatz den Tambacher Markt aus dem Grunde, weil sie dort stets volle Rückfracht (vor allem Brennholz und Holzkohlen) fanden. Dieser Anreiz verminderte sich mit der seit Anfang des 19. Jahrhunderts zurückgehenden Feuerholzproduktion. Nach den Grundsätzen der aufkommenden rationellen Forstwirtschaft schlug man die Bäume, wenn kein Zuwachs mehr eintrat — damit aber verringerte sich die Menge des dürr werdenden und abfallenden Holzes, des Leseholzes (das damals in großen Mengen von der verarmten Tambacher Bevölkerung eingesammelt und als Reisigwellen und Stangenholz, namentlich auch von den auswärtigen Fruchtmarktbesuchern, aus Tambach hinausgefahren wurde). Außerdem vollzog sich in jener Zeit der Übergang von der überwiegenden Brenn- zur überwiegenden Nutzholzproduktion. Noch 1818 betrug in Tambach die Abgabe von Nutz- und Bauholz nur 20% der Gesamtabgabe an Stammholz. Mit fortschreitender Bevölkerungsvermehrung in Deutschland, mit zunehmendem Bedarf an Nutzholz (Eisenbahnschwellen, Grubenhölzer, Holz für Hausbau) usw. stiegen auch die Holzpreise. Man gab daher immer weniger Hölzer als Brennhölzer ab, verkaufte sie mehr und mehr als Nutzholz (viermal so hoch bezahlt als Feuerholz) — zudem gewann mit dem Ausbau der modernen Verkehrsmittel Stein- und Braunkohle als billiges Brennmaterial immer weitere Verbreitung. So kam es, daß schließlich die geschlagene Holzmenge ganz überwiegend als Nutzholz abgegeben wurden, 1864 im Tambacher Forst 64%. Die Folge war, daß die auswärtigen Fuhrleute und Bauern in Tambach nur noch wenig Rückfracht (an Scheit-, Rollen-, Stockenholz) fanden — ihr Fruchtmarktbesuch ließ nach.

Dazu kam, daß sich die Tambacher Fuhrleute nach dem Aufkommen der Eisenbahnen notgedrungen dem Feuerholzhandel und der Holzausfuhr aus Tambach (verbunden mit dem Botenfuhrwerk) zuwenden mußten.

Mit dem Aufhören des Straßenfuhrverkehrs ließ der Bierkonsum nach und damit der Bedarf der Gemeinde und der Privaten an Braugerste.

---

mühle mit abgebrannt; es wird eine Ölmühle mit Graupengang an ihre Stelle gebaut. 1735 ist unterhalb Tambachs eine herrschaftliche Schneidemühle abgebrannt; Gebrdr. Raab aus Dietharz (Zimmerleute) bauen dort eine Lohmühle auf. Sie erhalten 1736 auch die Konzession zur Errichtung einer Ölmühle nebst Graupengang (H. u. St.-A., T T III c 7).

[1] Kartenband zu H. Th. Kühne, Beitr. z. Gesch. der Entwickl. der sozialen Zustände der Stadt und des Herzogtums Gotha während des letzten Jahrhunderts, Gotha 1862 (Tafel 1: Getreidepreise auf dem Markt zu Gotha von 1751—1860).

[2] Mitt. d. Statist. Bureaus des Staatsm. zu Gotha, I. Bd.

[3] Ebenda.

Endlich bezogen die Einwohner der hessischen Orte jenseits des Rennstiegs ihre Frucht auf anderen Wegen, auf der Werrabahn usw.

Infolge all dieser Umstände sank der Tambacher Fruchtmarktverkehr rasch. Nach 1836/37 kam er dem Waltershäuser nahe, trat dann hinter den Ohrdrufer zurück, sank 1855 auf ein Minimum und hörte schließlich ganz auf.

Die folgende Tabelle veranschaulicht die Entwicklung (für Tambach allein) zahlenmäßig:

Getreideanfuhr (Malter, goth.).

Jahr	Weizen	Korn	Gerste	Hafer
1836	1694	4256	1903	953
1845	118	506	184	95
1855	21	136	25	26

1842 brannte abermals der halbe Ort nieder (144 Häuser)[1] — was Wunder, wenn so Tambach mehr und mehr zu einem gänzlich verarmten Walddorf herabsank! Nach einer Erhebung aus dem Jahre 1845[2] bestand die Einwohnerschaft zu einem Drittel aus Tagelöhnern (94), welche sich ihren Unterhalt meist durch Waldarbeit, d. h. Leseholz-Sammeln und -Verkauf verdienen mußten. Außerdem werden noch aufgezählt: s. Anm. [3].

Wie schon mehrfach angedeutet, verlor Tambach während der 1850/60er Jahre den Charakter eines Fuhrmannsortes. Die ansässigen Straßenfuhrleute, Anspänner und Pferdetreiber mußten sich anderen Gewerben zuwenden, und diejenigen Lokalhandwerker, welche bisher aus dem Fuhrverkehr direkt Vorteil zogen, wie Hufschmiede, Wagner, Metzger, Bäcker, auch Gasthofsbesitzer u. a. gerieten bei der ohnehin wenig konsumfähigen Ortseinwohnerschaft in eine noch gedrücktere Lage.

Ausreichender Ersatz für die seit der Holzverteuerung untergegangenen Gewerbe stellte sich in Tambach — verglichen mit

[1] L. A. O., Loc. 30, Nr. 27. [2] Ebenda Nr. 38.

[3]

53 Holzhauer,	5 Schreiner,	3 Krämer,
1 Köhler,	8 Mühlenbesitzer,	8 Bäcker,
40 Fuhrleute,	2 Lohmüller,	1 Bäckergesell,
1 Fahrknecht,	4 Papiermacher,	5 Metzger,
7 Nagelschmiede,	2 Ölmüller,	4 Wirte,
5 Hufschmiede,	3 Maurer,	1 Apotheker,
3 Hammerschmiede,	2 Maurergesellen,	2 Lehrer,
2 Hufschmidts-	1 Steinbrecher,	1 Wegwart,
gesellen,	3 Tüncher,	1 Postillion,
4 Schlosser,	7 Glasschürer,	12 Schneider,
3 Wagner,	5 Topfbinder,	17 Schuhmacher,
1 Wagnergeselle,	1 Töpfer,	7 Böttcher,
3 Drahtzieher,	22 Leineweber,	16 Witwen,
9 Zimmergesellen,	2 Färber,	1 Butterhändlerin,
1 Drechsler,	1 Seiler,	1 Handelsmann,
7 Zimmerer,	1 Seifensieder,	1 Fruchthändler,
2 Dielenschneider,	2 Horndreher,	3 Hirten.
1 Böttchergesell,	2 Sattler,	

anderen Waldorten — ganz besonders spät, erst mit dem Anfang der 1890er Jahre ein, so daß hier rund 150 Jahre hindurch jene Notstandserscheinungen des Durchhungerns auf der Scholle, der Holz- und Wilddieberei, der Wanderarbeit usw. anzutreffen waren, welche im ersten Hauptteil der Abhandlung für weite Teile des damals übervölkerten Thüringer Waldes nachgewiesen wurden. Sie traten infolge der zahlreichen außerordentlichen Unglücksfälle (Brände!) in Tambach bösartiger als irgendwo sonst auf.

Ich führe das näher aus.

Im letzten Drittel des 18. Jahrhunderts war Tambach bereits so verarmt, daß, als 1771 Mißernte und Teuerung eintrat, viele Familien nicht in der Lage waren, sich Brot- und Saatgetreide kaufen zu können; 133 Personen mußten damals mit Korn vom „herrschaftlichen Fruchtboden" unterstützt werden[1]. Als im darauf folgenden Jahre die Ernte abermals schlecht ausfiel, erlagen 135 Einwohner dem Hungertyphus[2]; auch überwies die Regierung der Gemeinde zum Ankauf von Saatgetreide 137 Reichstaler 12 Groschen[3].

1818 wird einem gewissen Witzmann aus Tambach und Raab aus Dietharz die Konzession zur Errichtung einer Tafelglasmanufaktur (auch Verfertigung von „grünen Glasbouteillen" und Trinkgeschirren; 6 Jahre Steuerfreiheit) gegeben. In einem Schreiben an die Regierung legen die Gründer die Gemeinnützigkeit ihres Unternehmens dar[4]. Nach 5 Jahren berichten sie in kennzeichnenden Ausführungen über die Entwicklung ihres Unternehmens[5]: Im Antwortschreiben der Regierung wird die wohltätige Wirkung der Fabrik bereitwillig anerkannt und der Hoffnung Ausdruck gegeben, daß sich der „Holz- und Wilddiebstahl" auch weiterhin vermindern möge[6].

Während die Bevölkerung andauernd zunahm, verringerte sich noch jene „Nahrung aus dem Walde" (Einsammeln und Verkauf von Leseholz), auf die ein großer Teil der Bevölkerung angewiesen war, um dem Hungertod oder der Auswanderung zu entgehen. Nach Aufkommen der rationellen Forstwirtschaft räumte man mit den alten Holzbeständen (den überständigen „Hölzern") mehr und mehr auf. Infolgedessen verringerten sich die Holzabfälle (dürre Äste und Zweige, Reisig) und mit diesen sehr viele

---

[1] T. G. A., Loc. 14, Nr. 539.

[2] Nach den „Mitteil. d. Statist. Bureaus d. Staatsmin. zu Gotha", 1. Band. [3] T. G. A., Loc. 14, Nr. 550.

[4] Die Fabrik „sei ein gemeinnütziges Unternehmen, das viele Familien zu Tambach und Dietharz auf eine nützliche und redliche Weise beschäftige und diese dadurch von der Holzdieberei und anderen Vergehen, wozu sie der Mangel an Nahrungsquellen nicht selten verleite, abgehalten werden könnten. Das Unternehmen sei um so mehr zu befördern, als vielleicht in keinem Orte des Thüringer Waldes hiesigen Anteils der Nahrungsstand mehr in Verfall geraten sei als in Tambach ..." (H. u. St.-A., T T III 15, S. 1 f.).

[5] Sie sagen „daß durch dieses ‚der Nahrungsstand der an Nahrungsquellen so armen Orte Tambach und Dietharz kräftiger gehoben werde, als solches durch den gewöhnlichen Vertrieb des Holzes möglich sei'; und weiter hätte die Fabrik ‚vielen Familien Arbeit und Nahrung verschafft, die sonst vom Holzdiebstahl gelebt haben würden'." (H. u. St.-A., T T III 15, S. 8 f.)

[6] H. u. St.-A., T T III 15, S. 14 f. (S. 22: die Fabrikgründer hatten böhmische Glasmacher herangezogen).

Verdienstmöglichkeiten. Wir besitzen darüber treffende zeitgenössische Bemerkungen[1].

Als die Regierung im Jahre 1866 die Ausfuhr von Reisigwellen verbot (Holzfrevel), brach in Tambach ein Aufstand aus, der erst durch Aufbieten einer Abteilung Soldaten aus Gotha gedämpft werden konnte[2]. Kurz nach dem Aufkommen der Eisenbahnen ward in Tambach das Mißverhältnis zwischen der Zahl der Bevölkerung und der Ernährungsmöglichkeiten am größten. Immer unerträglicher wurde der Bevölkerungsdruck (um die Mitte des 19. Jahrhunderts). Da trat durch Wanderarbeit und Auswanderung endlich eine Entspannung ein.

Seit Anfang der 1850er Jahre arbeiteten jährlich eine große Zahl von Tambacher Einwohnern (1861/62 waren es über 200[3]) in den sächsischen, anhaltischen und gothaischen Zuckerfabriken[4]. Im Herbst zogen sie aus, und im Frühjahr kehrten sie mit mehr oder minder großen Ersparnissen wieder zurück — eine Art „Sachsengängerei" mit allerdings etwas anderen wirtschaftlichen, aber denselben sozialen Ursachen. Unsere Sachsengängerei entsprang der Notlage einer durch Grundbesitz an die Scholle gebundenen gewerbetreibenden Bevölkerung, sie war „industrielle" Wanderarbeit; auch arbeiteten die zeitweilig Wegziehenden nicht während des Sommers, sondern während der Wintermonate draußen.

Die ersten Auswanderungen aus Tambach fanden nach der Ortschronik des Pfarramtes im Jahre 1850 statt; sie hielten an bis in die 80er Jahre. Eine Statistik aus dem L. A. O.[5] gibt die Zahl der bis 1869 Ausgewanderten auf 176 an. Das Ziel ist ganz überwiegend Nordamerika, nur vereinzelt Argentinien und Australien.

Wie in anderen Waldorten, so versuchte man damals auch in Tambach allerhand Industrien anzusetzen. Sie waren zum geringsten Teil auf dem Thüringer Wald bodenständig und hatten lediglich den Zweck, dem beschäftigungslosen Teil der Ortsbevölkerung Verdienst zu gewähren — oder vielmehr deren billige Arbeitskräfte auszunutzen.

Mit solchen Absichten war schon jene Tafelglasfabrik im Jahre 1818 gegründet worden; aus denselben Erwägungen heraus 1832 auch eine Spiegelglasfabrik. Sie trat an die Stelle eines eingegangenen Zainhammers hinter der Gemeindeschenke, „florierte" aber nicht und wurde 1843 in eine Schneidemühle umgewandelt[6][7].

[1] Früher war „ein sehr wesentlicher Teil der Forstdistrikte in Ermangelung geeigneter Forstfahrwege nicht einmal mit zweirädrigen Karren zu erreichen und daher die Forstprodukte vorzugsweise nur auf Tragen, Schiebekarren und Handschlitten abgefahren werden konnten: was für die handarbeitenden Waldbewohner zu einem viel höheren Verdienst an Transportlöhnen führte als jetzt (1860er Jahre), wo der ganze Wald für Geschirre in einer Weise zugänglich gemacht ist, welche kaum noch Wesentliches zu tun übrig läßt. (Mitt. des Statist. Bureaus d. Staatsmin. zu Gotha, 1. Bd., 175.)

[2] T. Pf. A., Ortschronik, Jahr 1866. [3] Ebenda.

[4] Ebenda und L. A. O., Loc. 5, Nr. 45 (Jahr 1889); ein kleiner Teil der Leute zog auch nach den goth. Ziegeleien.

[5] Loc. 11, Nr. 34, Auswanderungsstatistik.

[6] T. Pf. A., Ortschronik.

[7] 1836 (H. u. St. A., T T III 15, S. 25) heißt es bezeichnender-

1851 wird berichtet, daß seit einigen Jahren ein Hemdenknopf-Verlagsgeschäft bestehe[1]. 1853 ist halb Tambach mit Knopf-Schlingen und -Aufnähen beschäftigt, besonders Frauen und Kinder, aber auch alte und kranke Holzhauer, während des Winters selbst beschäftigungslose Familienväter[2].

1857 hat das gothaische kartographische Institut von Perthes in Tambach eine Landkartenkolorieranstalt eingerichtet.

1862 werden in Tambach Kleineisenartikel (Revolverwalzen, Korkzieher usw.) angefertigt[3], 1869 Bürsten und Korkstöpsel[4]. Auch der Staat bemüht sich, dem Orte aufzuhelfen; er schießt 1867 27 Einwohnern Reisemittel vor, damit sie am Hannover—Fuldaer Bahnbau mitarbeiten können[5].

1873 legen zwei Erfurter Herren eine Bürstenfabrik an[6]; 1875 ein Erfurter eine Papiermanschettenfabrik, in welcher namentlich junge, schulentlassene Mädchen Beschäftigung finden[7].

1881 wurde die seit 1818 bestehende Tafelglasfabrik in eine Porzellanfabrik umgewandelt; man zog auch hier auswärtige Arbeitskräfte bei[8].

Der bisher nur als Hausindustrie existierende Industriezweig der Korkschnitzerei wurde seit 1885 fabrikmäßig betrieben (man hatte sich in diesem Jahre eine Maschine aus Frankreich kommen lassen); aber schon 1892 war die Korkfabrik eingegangen[9].

All diese künstlich angesetzten Industrien vermochten indessen die entstandenen Lücken nicht auszufüllen. Tambach blieb bis Anfang der 1890er Jahre ein übervölkerter und notleidender Ort, ein Herd der Auswanderung und der industriellen Wanderarbeit.

B. Gegenwärtige Wirtschaftsverfassung und materielle Gesamtlage.

Mit den 1890er Jahren bricht für Tambach endlich eine bessere Zeit an. Es verliert den Charakter eines übervölkerten Ortes, die Notlage wird völlig überwunden. Die Einwohnerschaft findet jetzt zu Hause genügende und lohnende Beschäftigung und braucht nicht mehr zu kümmerlicher Waldarbeit, Wanderarbeit und Auswanderung zu greifen. Die Bautätigkeit, welche seit über einem Jahrhundert fast vollkommen geruht hatte[10], regt sich wieder kräftig (durchschnittlich jährlich 5 bis 6 Neubauten). Ebenso setzt

---

weise: ... „namentlich kommt die Erleichterung des Verkehrs (nämlich nach „Anschließung des Herzogtums Gotha an den großen deutschen Handelsverein") mit den benachbarten preußischen Staaten den Tafel- und Spiegelglasfabriken zu Tambach wesentlich zustatten." 1865 (L. A. O., Loc. 30, Nr. 117) brennt die Tafelglasfabrik ab; Neuaufbau genehmigt.

[1] L. A. O., Loc. 30, Nr. 79.

[2] Mitt. d. Statist. Bureaus zu Gotha, I. Bd.

[3] L. A. O., Loc. 30, Nr. 113. [4] T. Pf. A., Ortschronik.

[5] L. A. O., Loc. 48, Nr. 8. [6] T. Pf. A., Ortschronik.

[7] Ebenda. [8] Ebenda. [9] Ebenda.

[10] L. A. O., Loc. 30, Nr. 5: „Summa aller Häuser" im Jahre 1733: 317; 1890 (Mitt. d. Stat. Bureaus des Staatsmin. zu Gotha, Jahrg. 1892): 339 bewohnte und 4 unbewohnte Wohnhäuser.

jetzt in der Bevölkerungsbewegung eine fast stürmische Aufwärtsentwicklung ein. 1890 zählte man 2113[1] Einwohner, nach 19 Jahren (am 1. Dezember 1910) aber schon 3007[2] — eine Vermehrung, welche ihresgleichen nur während Tambachs mittelalterlicher Blüte findet. Damals stieg die Bevölkerungszahl in ähnlich schnellem Tempo von rund 900 im Jahre 1527 auf rund 1900 im Jahre 1594[3].

Am Anfang dieser sprunghaften Aufwärtsentwicklung steht der Bau der normalspurigen Stichbahn Georgenthal—Tambach (1886 vom Gothaischen Landtag genehmigt, 1892 gebaut) und die Gründung zweier Metallwarenfabriken.

I. Gewerbe.

Von den Lokalhandwerkern, den Rentnern und den Angehörigen der liberalen Berufe abgesehen, findet heute die erwerbstätige Bevölkerung ihren Unterhalt in den bestehenden Fabriken und Mühlen, ferner als Zimmerer, Maurer und Steinmetzen, als Holzhauer und Fuhrleute; nebenbei betreibt fast jede Familienhaushaltung etwas Landwirtschaft und Viehzucht.

Welches sind die Lebensbedingungen der vorhandenen Unternehmungen und Gewerbe[4]?

Holzhauer und Fuhrleute sind die einzigen „alten" Gewerbe, welche sich in das Zeitalter des Dampfes und der Eisenbahnen hinübergerettet haben. Von den 36 (Lokal-)Fuhrleuten transportiert die eine Hälfte (mit Ochsen- und Pferdegespannen) Steine aus den Brüchen und Holz (Langholz, Bloche, Rollen usw.) nach dem Ort, den Schneidemühlen und der Bahnstation, zuweilen auch noch hinaus ins flache Land bis nach Langensalza und Mühlhausen hin. Der andere Teil, die Holz- und Botenfuhrleute, fahren auf eigene Rechnung Brennholz (Rollen und Stocken aus dem Walde, Schwarten von den Schneidemühlen, Reisig) nach Gotha und anderen Orten der näheren Umgebung, um es hier, auf Bestellung oder von Haus zu Haus fahrend, meterweise zu verkaufen. Außerdem nehmen sie nach Gotha und zurück jedesmal etwas Frachtgut mit.

Das Maurer- und Zimmerergewerbe hat seit den Bahnbauten sehr an Umfang zugenommen; infolge der niedrigeren Frachtsätze erweiterte sich der Kreis der Absatzmöglichkeiten.

Vor Tambachs letzter Aufschwungperiode hatte das Maurer- und Steinbruchgewerbe nur lokalen Charakter. Die Erhebung vom Jahre 1845[5] zählt nur 3 Maurer, 3 Maurergesellen und einen Steinbrecher auf. Heute arbeiten 105—110 Maurer, Steinmetzen und Steinbrecher beim Häuserbau und in den 5 Rotliegenden-Brüchen des Tambacher Beckens (3 Brüche unterhalb Tambachs und 2 auf dem Nesselberge)[6], in dem Porphyrbruch des Schmalwassergrundes

[1] Mitt. d. Statist. Bureaus d. Staatsmin. zu Gotha, Jahrg. 1892.

[2] Ebenda. Urmaterial.

[3] Nach den Verheerungen des Dreißigjährigen Krieges brauchte Tambach rund 250 Jahre, um wieder die Bevölkerungszahl vor Ausbruch des großen Krieges zu erreichen. 1594: rund 1900 Einwohner; 1618 vielleicht 2000; 1642: rund 800; 1750: 1365; 1812: 1417; 1864: 1989.

[4] Die Ausführungen über die Gegenwart beruhen — wenn Quellen nicht besonders angegeben sind — auf persönlichen Erkundigungen.

[5] L. A. O., Loc. 30, Nr. 38.

[6] Platten, Bordsteine, Treppenstufen, Sockelsteine.

(Schottersteine für Chausseeauffüllung) und dem Diabasbruch am Hühnberg (Pflastersteine).

1845 gab es nur 7 Zimmerer, 9 Zimmerergesellen und 2 Dielenschneider; die Zahl der Schneidemühlen konnte nicht festgestellt werden. Heute weist Tambach rund 60 Zimmerer und Schneidemüller auf; 4 Schneidemühlen (Dampf- und Wasserantrieb)[1]. Die Schneidemühlenbesitzer sind in der Regel zugleich Zimmermeister.

Ich gehe etwas näher auf die 2 Ölmühlen ein, weil ihr Vorhandensein in Tambach dem mit den allgemeinen Produktionsbedingungen des deutschen Ölmühlengewerbes Vertrauten ein Problem ist[2].

Unter Benutzung der starken Wasserkräfte beruhte die Tambacher Ölmüllerei bis in die 1870er Jahre auf dem Bezug von Leinsaat aus der näheren Umgebung. 1875 wurde zum erstenmal russische Leinsaat über Stettin eingeführt. Mitte der 80er Jahre traten Ostindien, Ende dieses Dezenniums Argentinien, später Nordamerika und Kanada, neuerdings auch Marokko, Persien und Japan als Leinsaatlieferanten auf den Weltmarkt. Von diesen außerdeutschen und überseeischen Rohstoffländern ist heute die deutsche — wie auch die Tambacher — Ölmüllerei abhängig.

Früher waren die Ölmühlen gleichmäßig über das ganze deutsche Binnenland verteilt, auf lokalem Rohstoffbezug und lokalem Absatz beruhend. Neuerdings konzentriert sich das Ölmühlengewerbe im Zusammenhang mit dem überseeischen Rohstoffbezug (billiger Wasserweg!) mehr und mehr an den Meeresküsten und großen schiffbaren Strömen. Dort liegen heute unsere Großölmühlen, welche den überwiegenden Teil der deutschen Nachfrage nach Speise- und technischen Ölen befriedigen. Die binnenländischen, meist auf geringer technischer Höhe stehenden und mit lokalem Absatz rechnenden Ölmühlen weichen immer mehr vor der überlegenen Konkurrenz der Großmühlen zurück.

Zu diesen lokalen Ölmühlen gehören nun auch die beiden Tambacher, deren Produktion sich so gut wie ausschließlich auf Speiseleinöl beschränkt.

Ich bin nur über die größere von ihnen näher informiert, die nach ihrer Jahresproduktion eine der bedeutendsten in ganz Thüringen ist.

Warum kann sie sich noch halten? — Ihr stehen billige Wasserkräfte zur Verfügung (sie ist allerdings auch auf Dampfantrieb eingerichtet) und, soweit sie überhaupt noch solche nötig hat (ihr Betrieb ist fast völlig automatisiert und steht technisch ganz auf der Höhe), auch billige menschliche Arbeitskräfte. Vor allem aber verwendet der Unternehmer — nach seiner Aussage — nur beste Leinsaaten und stellt mittels eines selbsterfundenen Reinigungsverfahrens besonders klare Öle her, mit denen er sich ein weites Absatzfeld in Thüringen erobert hat und durch die er etwas höhere Preise erzielt. Außerdem hat er sich den Rücken gedeckt mit der Gründung einer zweiten Ölmühle bei Riesa an der Elbe.

---

[1] In Dietharz bestehen 5 Schneidemühlen.

[2] An Mühlenbetrieben bestehen in Tambach außer den 4 Schneide- und 2 Ölmühlen noch 1 Loh- und 1 Pappmühle; es würde zu weit führen, auch noch auf diese näher einzugehen.

Die Fabriken.

Heute bestehen in Tambach 7 Fabrikbetriebe[1]: 2 Metallwarenfabriken, 1 Porzellanfabrik, 1 Korbwaren- und Papiermanschettenfabrik, 1 Bürsten- und 1 Bureaumöbel- Spielwarenfabrik.

Außer von der Bureaumöbel- und Spielwarenfabrik (1907 errichtet), wissen wir schon von allen anderen Unternehmungen, daß sie während Tambachs Notstandszeit künstlich angesetzt worden waren, um die billigen Hände der darbenden Einwohnerschaft auszunutzen. Was aber den übrigen nicht gelang, nämlich die Notlage zu beheben, glückte den Metallwarenfabriken. Den Unternehmern dieser Anlagen ist es in erster Linie zu verdanken, daß seit den 1890er Jahren Wanderarbeit und Auswanderung aufhörte und die Tambacher zu Hause in immer steigendem Maße ausreichende und lohnende Beschäftigung fanden. Ende 1911 waren von rund 930 Zensiten etwa 470 Fabrikarbeiter und Fabrikarbeiterinnen und von diesen wurden wieder rund 350 in den Metallwarenfabriken beschäftigt.

Bei jenen fünf Unternehmungen werde ich mich — ihrer geringen Bedeutung im Wirtschaftsbilde Tambachs entsprechend — nur auf wenige orientierende Bemerkungen beschränken, um mich dann desto ausführlicher über die Metallwarenfabriken auszulassen.

Die Korbwaren- und Papiermanschettenfabrik. Beide Fabrikationszweige stehen technisch nicht im Zusammenhang. Die Korbflechter werden nicht im Tambacher Betrieb beschäftigt, sondern sitzen als Hausindustrielle in Tambach, Dietharz, Catterfeld und Altenbergen. Die von ihnen aus Weidenruten geflochtenen Körbe werden in rohem Zustand (zuweilen gebeizt) dem Fabrikanten in Tambach eingeliefert, hier (von Mädchen) fertiggemacht, d. h. bemalt und eventuell ausgeschmückt, dann verpackt und versendet. Da das „Fertigmachen“ sich nur auf ganz wenige Arbeitsverrichtungen beschränkt, so ist die Tambacher Korbwaren- und Papiermanschetten-„Fabrik“ für den einen Zweig — der Korbwarenherstellung — im wesentlichen nur Verlagskontor.

Bei der Papiermanschettenverfertigung verwendet man keine Heimarbeiter. In einer schweren Stanzmaschine werden die Manschetten für Blumentöpfe, Buketts, Torten usw. ausgestanzt, von Fabrikmädchen abgeputzt, eventuell — z. B. bei Brautbukett-Manschetten — tütenartig zusammengerollt und mit gewebten oder anderen Spitzen versehen, dann verpackt usw. Hier ist die Bezeichnung „Fabrik“ also gerechtfertigt. — Das ganze Unternehmen beschäftigt, ohne die Hausindustriellen, 4 männliche und 10 (jugendliche) weibliche Arbeiter und Angestellte.

Die andere heute noch in Tambach bestehende Korbwarenfabrik gleicht der eben beschriebenen. Sie beschäftigt außer 6 bis 8 meist in Catterfeld wohnenden Heimarbeitern 5 männliche und 5 weibliche Arbeiter und Bureauangestellte.

---

[1] Sie kommen ebenso für Dietharz in Betracht, dessen Wirtschaftsverfassung mit derjenigen Tambachs in den Hauptzügen übereinstimmt (in Dietharz nur die Holzhauer und Bauhandwerker [Zimmerer, Maurer, Steinmetze] prozentual stärker vertreten).

In der **Bürstenfabrik** werden die Holzteile der Bürsten zugeschnitten, gelocht, ausgekehlt, eventuell fourniert und poliert; man schneidet die Borstenbündel zurecht und leimt sie ein oder schlingt sie mit biegsamem Draht fest. Zahl der Arbeiter: etwa 15 (auch hier meist Jugendliche, besonders weibliche).

Die **Spielwarenfabrik** ist den in Waltershausen, Ohrdruf usw. bestehenden sehr ähnlich. Man verfertigt jedoch weniger Puppen, als vielmehr Felltiere und Schaukelpferde, zu denen die Halbfabrikate (aus Pappe gedrückte Pferdekörper, Holzgestelle) von den Hausindustriellen in Catterfeld, Altenbergen usw. bezogen werden. Arbeiterzahl der Bureaumöbel- und Spielwarenfabrik: 24 Arbeiter und 18 Mädchen.

In der **Porzellanfabrik** fanden Ende 1911 40 Arbeiter und Arbeiterinnen ihr Brot. Wie in den anderen thüringischen Porzellanfabriken derselben Branche, so war auch hier der Geschäftsgang in den letzten Jahren sehr flau; vergangenen Sommer ruhte der Betrieb fast ganz.

Die ältere der beiden **Metallwarenfabriken** wurde im Jahre 1890 gegründet, die jüngere 1895.

Bis auf die Größe gleichen sie sich in allen wesentlichen Beziehungen; die nachstehenden Ausführungen gelten daher für beide.

In den Metallwarenfabriken werden gestanzte und gedrehte Artikel wie Pfeifen- und Tintenfaßbeschläge, Leuchtertüllen, Zwingen für Bambusmöbel, Rauchtischgarnituren, Korkzwingen, Fahrrad-, Korridor- und andere Glocken, Gewinde- und Steckkapseln für pharmazeutische Gläser, gestanzte und gefräste Massenartikel aller Art nach Muster oder Zeichnung aus Messing, Kupfer, Eisenblech, Nickel und Neusilber hergestellt. Im größeren der beiden Betriebe (Firma Hopf) überwiegt die Herstellung von Pfeifenbeschlägen.

Die von schulentlassenen Mädchen mit Stanzmaschinen arbeitsteilig aus den Rohblechen ausgebrachten Artikel werden — wenn nötig — auf galvanischem Wege vernickelt oder verkupfert, dann gewaschen und schließlich auf der Miniaturdrehbank mit dem Blutstein poliert.

Zur Herstellung der gefrästen Artikel schneidet man Messing- und Kupferstangen in Stücke von der vorgeschriebenen Länge und dreht sie auf der Revolverdrehbank ab.

Die so erzeugten Metallwaren sind zum weitaus größten Teil billige Massenartikel, deren Herstellung an das technische Können der Arbeiterschaft nur geringe Anforderungen stellen. So bestehen die Arbeitsverrichtungen der an den Stanzmaschinen sitzenden Mädchen lediglich darin, platte oder (je nach der Fabrikationsstufe) vorgestanzte Bleche einzulegen und den Stempel durch eine horizontale Hebelbewegung niederzudrücken. Nach Aussage der Unternehmer sind für diese Arbeit nur Mädchen zu gebrauchen. Jünglinge und Männer geraten mit ihren größeren und stärkeren Fingern und schwerfälligeren Handbewegungen leicht unter den Stempel. Außerdem wird die Stanzarbeit zu schlecht bezahlt. — Alle übrige Arbeit ist Männerarbeit. Die „Polierer" haben weiter nichts zu tun, als z. B. die Hülse über den Drehzapfen zu stülpen und mit dem Blutstein über sie hinwegzufahren. Auf nicht viel höherer Stufe steht das technische Können der „Metalldreher". Nachdem die Drehstähle vom Werkmeister auf der Revolverscheibe eingestellt worden sind, braucht der Dreher nur einen Stahl nach dem anderen an das Werkstück heranzuführen und es bis zur vorgeschriebenen Breite und Tiefe abspänen zu lassen.

Die weit überwiegende Mehrzahl der männlichen Arbeiter setzt sich aus Polierern und Drehern zusammen. Wie wenig diese qualifizierte Arbeit leisten, geht unter anderem auch daraus hervor, daß sich während des Winters, wo die Bautätigkeit und Steinbrucharbeit ruht, Maurer und Steinmetzen in den Metallwarenfabriken als Dreher und Polierer anstellen lassen.

Hochwertige Arbeit leisten die wenigen Werkmeister und Galvaneure.

Es entspricht durchaus den physischen und psychischen Fähigkeiten der Ortsbevölkerung, daß ein Gewerbezweig eine derartige Bedeutung in Tambach erlangen konnte, der — wie die Metallwarenfabrikation — so geringe Anforderungen an das technische Können der Arbeiterschaft stellt. In Tambach sitzt keine seit Generationen andauernd in der Eisen- und Metallverarbeitung geschulte Bevölkerung — wie es beispielsweise in Stadt Schmalkalden oder Zella-Mehlis-Suhl der Fall ist; in Zella-Mehlis besonders, wo gegenwärtig ein leistungsfähiges Konkurrenzunternehmen der besten deutschen Kanonenfirma „Krupp" besteht, und wo noch heute die selbständigen Büchsenmacher beste Jagdgewehre und Scheibenstutzen (zum Verkaufspreis von 100—300 Mk. pro Stück) herstellen, welche als technische Kunstwerke einem Nürnberger Handwerksmeister des Mittelalters alle Ehre gemacht hätten. Für die Zeit vor dem Dreißigjährigen Krieg steht es noch nicht ganz fest, ob Tambach eine einigermaßen bedeutende Eisenindustrie gehabt hat, und nach 1648 war Tambach bis in die allerneuste Zeit ein recht armseliger Ort von Fuhrleuten, Holzhauern, Köhlern, Holzhandwerkern und Tagelöhnern. Das war das Menschenmaterial, was die Metallwarenfabriken bei ihrer Gründung vorfanden und das erst sehr allmählich, jedenfalls aber nicht während der kurzen Zeitspanne von 10—15 Jahren zu höheren technischen Leistungen erzogen werden kann.

Dem Wert der Arbeit entspricht die Lohnhöhe. Bei bestehendem Stücklohnsystem und bei zehnstündigem Arbeitstag bringt es der verheiratete männliche Arbeiter auf 21—25 Mk. wöchentlich. Die Arbeit der Jugendlichen, welche, wie in den anderen Betrieben, so auch hier in ausgedehntem Maße zur Verwendung gelangt, wird geringer bezahlt: die Mädchenarbeit mit 6—7,50 Mk. pro Woche, die der männlichen Jugendlichen mit 8—15 und 20 Mk.

In Iserlohn und anderen rheinisch-westfälischen Städten bestehen Konkurrenzunternehmungen. Sie haben den Vorzug, in der Nähe der Rohstoffquellen zu sitzen (Westdeutsche Walzwerke, Kohlenzechen), müssen aber mit hohen Löhnen und teurem Grund und Boden rechnen. Demgegenüber sind die Tambacher Metallwarenfabriken auf auswärtigen Bezug von Roh- und Hilfsstoffen (Metalle, Kohlen) angewiesen und vermögen dieses Mehr an Produktionskosten nur zu kompensieren durch Gewährung relativ niedriger Löhne (außerdem billiger Grund und Boden!). Wohlfeile

Arbeitskräfte stehen ihnen aber gerade in Tambach zur Verfügung: der Tambacher wohnt und lebt billiger; entweder besitzt er ein eigenes Häuschen, oder er wohnt für 100—120 Mk. (Stube, 2 Kammern, Küche, Boden- und Kellerraum nebst Stallbenutzung) zur Miete; ferner treibt jeder nebenbei etwas Landwirtschaft und deckt so auf billige Weise — unter Nichtberechnung des eigenen Arbeitsaufwandes — einen Teil seines Nahrungsbedarfs. Vor allem aber helfen sich die Fabrikanten mit der ausgiebigen Verwendung der Heim- und namentlich Jugendlichenarbeit — diese sei ihnen „unerläßliche Lebensbedingung.“

Ende 1911 wurden beschäftigt:

1. von der Firma Adolf Hopf: 59 verheiratete und 205 ledige Arbeiter und Arbeiterinnen (Hausarbeiter nur ganz vereinzelt);
2. von der Firma Metz & Kuntzsch:

a) in der Fabrik:

38	männliche Arbeiter	} verheiratet,
6	weibliche „	
27	männliche „	} ledig,
39	weibliche „	
11	männliche „	} unter 16 Jahren,
12	weibliche „	
Summa 133,	ferner	
2	Meister,	
14	Bureauangestellte,	
Summa 149	Personen in der Fabrik.	

b) als Heimarbeiter:

6	verheiratete, männlich,
32	„ weiblich,
4	ledige, männlich,
2	„ weiblich,
1	unter 16 Jahren, männlich,
Summa: 45	

Summe a) und b): 194.

Aus diesen Angaben und denjenigen über die 5 anderen Fabriken geht hervor, welch große Rolle die Beschäftigung der Jugendlichen bzw. Ledigen in den Tambacher Fabrikbetrieben spielt.

Seit den 1890er Jahren ist Tambach auch in die Reihe der Thüringer Wald-Luftkurorte eingetreten. Doch tritt sein Charakter als Kurplatz bei weitem nicht so hervor, als z. B. im benachbarten Finsterbergen[1]. Noch vor 50—60 Jahren hatten beide Walddörfer etwa dieselbe Wirtschaftsverfassung. Während aber heute Finsterbergen ausgesprochener Badeort ist, ist Tambach gegenwärtig in erster Linie Fabrikarbeiterdorf und nur nebenbei Höhenluftkurort.

II. Landwirtschaft.

Die Landwirtschaft findet in Tambach wenig günstige natürliche Bedingungen[2].

Eine diesen angepaßte, für den Markt produzierende und nach dem Gesichtspunkt strengster Rentabilität betriebene Landwirt-

---

[1] Tambach (3007 Einwohner) hatte 1911: 2024 Kurgäste, Finsterbergen (1174 Einwohner) hatte 1911: 3853 Kurgäste. (Nach den amtlichen Kurlisten).

[2] Vgl. den Abschnitt „Tambachs geographische Lage“, S. 65 f.

schaft müßte notwendigerweise große Betriebseinheiten mit extensiver Wiesen- und Weidewirtschaft nebst minimalem Getreide- und anderen Fruchtbau aufweisen.

Die Bedürfnisse der heute in Tambach wohnenden Bevölkerung drängen hingegen auf kleine landwirtschaftliche Betriebe und möglichst intensiven, mehr gartenmäßigen Anbau hin: der „Gewerbegütler" will seine und seiner Familie freien Arbeitskräfte ausnutzen und sich einen möglichst großen Teil seines Küchenbedarfs, also vor allem Gemüse, Obst, Kartoffeln selbst erwirtschaften.

Die heutige Betriebsweise stellt ein Kompromiß dar zwischen der durch die Naturbedingungen angezeigten Betriebsweise und den Bedürfnissen der kleinen Leute: wo nicht unübersteigliche natürliche Hindernisse im Wege stehen, wird die Wirtschaft möglichst nach den Haushalterfordernissen der Fabrik- usw. Bevölkerung eingerichtet — selbst auf Kosten der Rentabilität.

So entsteht der für Tambach typische Gewerbegütlerbetrieb: eine Gesamtfläche von etwa 5 ar bis 1 oder 2 ha besteht gewöhnlich zur einen Hälfte aus Wiesland und wird zur anderen entweder (bei kleinsten Wirtschaften) ganz mit Kartoffeln bestellt, oder (bei etwas größeren Betrieben) mit Kartoffeln und Getreide. Der große Prozentsatz Wiesen ermöglicht eine verhältnismäßig hohe Viehhaltung und diese wiederum eine starke Düngung des Bodens, wodurch dessen an sich geringe Ertragsfähigkeit einigermaßen gesteigert wird.

Größe und Verteilung der Flur.

Nach der Berufs- und Betriebszählung vom 12. Juni 1907 beträgt die landwirtschaftlich benutzte Fläche der Tambacher Flur 304,73 ha. In dieses Areal teilen sich 420 Betriebe, so daß ein Betrieb die durchschnittliche Größe von 0,73 ha aufweist.

Die nachstehende Übersicht zeigt die Anzahl der Betriebe nach Größenklassen und ihren Anteil an der gesamten landwirtschaftlich benutzten Fläche der Ortsflur:

Größenklassen	Anzahl der Betriebe	landwirtschaftlich benutzte Fläche (ha)
2— 5 ar	9	0,30
5—20 „	64	7,61
20—50 „	155	52,46
50 ar bis 1 ha	91	63,08
1—2 ha	74	104,24
2—3 „	16	37,93
3—4 „	9	30,16
4—5 „	2	8,95
	420	304,73

Die Tambacher Flur besteht also aus Zwerg-, Parzellen- und Kleinbetrieben. Ob sich Betriebs- und Besitzgrößen decken, konnte exakt nicht festgestellt werden. Nach den Aussagen des Gemeindevorstehers befinden sich rund drei Viertel der landwirtschaftlich benutzten Fläche im Eigentum der kleinen Leute, etwa ein Viertel in Pacht.

Fleischhauer hat gezeigt, daß die Tambacher Flur um 1530 eine nur wenig geringere Ausdehnung hatte als heute. — Wie zur

Stunde, so wird auch damals schon die Ortsflur nach den Bedürfnissen der etwa 900 Köpfe verteilt, nämlich in sehr zahlreiche kleine Betriebseinheiten aufgelöst gewesen sein. Doch war infolge der wesentlich geringeren Einwohnerzahl die besessene Betriebsfläche der einzelnen wohl größer als heute; die effektiv genutzte übertraf aber auch noch diese: wegen der ausgedehnten Waldweidenutzung — von der unten noch näher zu sprechen sein wird.

Die Art der jetzigen

Bodenbenutzung

im Gemeindebezirk Tambach ergibt sich aus folgender Zusammenstellung[1]:

Haus- und Hofraum 10 ha, Gärten 17 ha, Äcker 165 ha, Wiesen 240 ha, Weide- und Ödland 6 ha, Forsten 198 ha, Wege und Gewässer 32 ha, Gesamtfläche des Gemeindebezirks 668 ha.

Die Kulturarten „Äcker und Wiesen" ergeben zusammen die „landwirtschaftlich benutzte Fläche des Gemeindebezirks" (405 ha) einschließlich der nicht bewässerungsfähigen Wiesen (1909: 99 ha), (welche in der vorhergehenden Zusammenstellung nicht berücksichtigt sind; dort nur die „Bewässerungswiesen" mitgezählt).

Das prozentuale Anteilverhältnis von Acker- und Wiesland an der landwirtschaftlich benutzten Fläche des Gemeindebezirks beträgt 40,7 und 59,3; bei Ausscheidung der nicht der Bewässerung zugänglichen Wiesflächen: 54,1 und 45,9.

Die bedeutende Ausdehnung des Wieslandes innerhalb der Ortsflur ist in erster Linie eine Folge der Kessel- und Höhenlage Tambachs: die zahlreichen Quellmulden des Rotliegenden-Beckens und die feuchten Talböden des Spitter- und Apfelstädtgrundes oberhalb, in und unterhalb Tambachs eignen sich zu nichts anderem als zum Wieswachs, sie sind sogenanntes „absolutes" Wiesland. Dank ihrer horizontalen Lage und minimalen Erhebung über das Niveau der Talbäche lassen sich diese Wiesenflächen leicht bewässern und werden daher — zum Unterschied von den nicht der Bewässerung zugänglichen — in der amtlichen Statistik als „Bewässerungswiesen" aufgeführt.

Anbau der Feldfrüchte.

Aus der „Anbaustatistik" des Jahres 1909[2] (Anbauflächen in ha) Hafer 26, Sommerroggen 13, Winterroggen 16, Kartoffeln 108, Bewässerungswiesen 140, andere Wiesen 99, geht hervor, daß der Kartoffelbau bei weitem überwiegt, während der Getreidebau zurücktritt.

Obwohl Tambach noch einer der tiefer liegenden Waldorte ist, so kann doch der anspruchsvolle Weizen, der schweren Boden, eine lange Vegetationsperiode und während derselben eine relativ große Wärmemenge verlangt, nicht mehr mit Vorteil gebaut werden. Er setzt hier zu gering an und kommt nicht mehr recht zur Ausreife. Tambach liegt eben schon oberhalb der Grenze des lohnenden Weizenbaus.

[1] Mitteilungen des Statist. Bureaus des Staatsmin. zu Gotha, Jahrg. 1901.
[2] Nach Urmaterial aus dem Statist. Bureau des Staatsmin. zu Gotha.

In polarer Richtung fällt diese Grenze ungefähr mit dem 60.° nördlicher Breite zusammen, so daß der Getreidebau in Tambach ungefähr dieselben klimatischen Bedingungen findet, wie in der Zone wenig nördlich von Christiania-Stockholm-St.-Petersburg-Petropawlosk. Dementsprechend trifft man in der Tambacher Flur vor allem „nördliche" Getreidearten an, welche in kürzerer Zeit und bei niedrigerer Luft- und Bodentemperatur ausreifen und daneben mit geringerem Boden vorlieb nehmen: Roggen und Hafer.

Getreide wird in Tambach weniger um des Körnerertrags willen angebaut, sondern vor allem um als Wechselfrucht zu dienen. Natürlich sind die Körner nicht unwillkommen; sie werden verkauft oder gegen Kleie und Schrot eingetauscht. Das Stroh wird als wertvolles Einstreumittel verwendet, im Winter jedoch auch mit verfüttert.

Die für den Haushalt der kleinen Leute wertvollste und unter den gegebenen Naturbedingungen für eine intensive Wirtschaftsweise am besten geeignete Fruchtart ist die Kartoffel.

Der Tambacher Gewerbegütler will sich mit seinem kleinen Landwirtschaftsbetrieb einen Teil seines Küchenbedarfs erwirtschaften. Vor Aufkommen des Kartoffelbaus produzierte er auf seinem Ackerland fast ausschließlich Getreide (daneben etwas Lein), und ließ den Körnerertrag in den Mahlmühlen seines Ortes[1] zu Mehl für die Hausbäckerei usw. vermahlen. Den Rest seines Getreidebedarfs deckte er auf den Märkten zu Ohrdruf oder Gotha, später auf dem Fruchtmarkt des eigenen Ortes. Mit der Einführung der Kartoffel ward die mit Roggen usw. bestellte Fläche der Ortsflur immer mehr reduziert, das Getreide übernahm die Rolle einer bloßen Wechselfrucht und die Kartoffel trat ganz in den Vordergrund. Um ihretwillen bebaut der Tambacher heute sein Feld. Der Rohertrag von einem Acker Kartoffelland hat für ihn einen sehr viel höheren Gebrauchswert als die Ernte von einem Acker Getreide- oder Wiesland; sein Bestreben geht auf intensive Bewirtschaftung mit hohen Roherträgen (unter Verwendung aber Nichtberechnung der zahlreichen ihm zur Verfügung stehenden Arbeitskräfte), auf mehr gartenmäßigen Anbau zur Deckung eines möglichst großen Teiles seines Nahrungsbedarfs — das aber erreicht er nirgends besser als mit Kartoffelbau. Gleichzeitig ist bei den gegebenen Naturbedingungen unter allen in intensiver Wirtschaftsweise mit Vorteil zu kultivierenden Feldfrüchten die Kartoffel wohl die relativ mit am besten geeignete. Die Kartoffel ist im allgemeinen wenig anspruchsvoll; sie bevorzugt kiesigen, sandigen und nicht zu feuchten Boden — das aber sind gerade die Eigenschaften des Tambacher Kulturlandes, soweit es für Feldbau in Betracht kommt: mehr oder weniger geneigte — und daher dem schnelleren Wasserabfluß förderliche — sandige und kiesige Bergeshänge.

Fruchtfolgen.

Es ist ein verständliches Bestreben des Gewerbegütlers, womöglich jedes Jahr auf seinem ganzen Besitz, oder doch auf dem überwiegenden Teil desselben, Kartoffeln zu ziehen. Je weniger

[1] 1530: 4 Mahlmühlen (Fleischhauer).

umfangreich der Landbesitz ist, um so seltener wird gewechselt. Eine Haushaltung braucht jährlich den Ertrag von 20—30 ar Kartoffelland. Besitzt sie nicht mehr Ackerland, so setzt man erst alle drei, vier oder fünf Jahre mit dem Kartoffelbau aus; es wird jedesmal schwer von der Familie empfunden, wenn sie ihren ganzen Kartoffelbedarf teuer ankaufen muß. Mir sind Fälle bekannt, in denen schon seit acht bis zehn und mehr Jahren ein und dasselbe Stück immer wieder mit Kartoffeln bestellt wurde — ohne daß die Ertragsfähigkeit merklich abgenommen hätte. Natürlich ist das ohne starke, jährlich wiederkehrende Düngung unmöglich. Die Regel ist jedoch, daß der Ackerbesitz eines Gewerbegütlers aus zwei oder drei untereinander gleichgroßen Parzellen besteht, von denen abwechselnd jedes Jahr eine mit Getreide bestellt wird. Leute mit 1/2, 1 und 2 ha Ackerland verwenden die Fruchtfolge: Kartoffeln, Getreide, Kartoffeln, Getreide; oder auch Kartoffeln, Kartoffeln, Getreide.

Technik des Bodenanbaus.

Ich hebe nur die Besonderheiten hervor. — Anfang bis Mitte April werden in Tambach die Kartoffeln gesteckt und das Getreide gesät — so spät beginnt hier die Vegetationsperiode. Kälterückfälle kommen noch im Mai, selbst im Juni vor und sind dann den jungen Pflänzchen verderblich. Ende September, Anfang Oktober stellen sich schon wieder die ersten Herbstnachtfröste ein. Bis dahin muß die Ernte möglichst unter Dach und Fach sein; es ist verständlich, daß bei dieser Sachlage von Halm- und Hackfrüchten nur Frühsorten verwendet werden können. Im Herbst bestellte Frucht wintert nicht selten aus.

Was die Oberflächengestalt seiner Flur anlangt, so ist Tambach nicht ungünstig gestellt. Das Mittelfeld, welches etwa den vierten Teil des ganzen Ackerlandes ausmacht, hat die Form einer sehr flachen Schüssel, bietet also der Bodenbearbeitung wenig Terrainschwierigkeiten. Das übrige Land liegt an mehr oder weniger geneigten Berglehnen, welche in ihren höchsten und zugleich steilsten Partien zur Terrassenkultur nötigen.

Obwohl die Flur schon an sich verhältnismäßig stark zerteilt ist[1], so hat man auch noch die Gewohnheit, die einzelnen Ackerstücke durch schmale Rasenstreifen gegeneinander abzugrenzen und so die zum Feldbau geeignete Fläche um ein nicht Unbeträchtliches zu verringern.

Je nach der Lage — ob hoch oben am steilen Bergeshang oder auf mehr ebenem Gelände —, der Größe der Parzelle und der Wohlhabenheit des Besitzers bearbeitet man den Boden mit dem Pflug, dem Spaten oder der Hacke. Wenn die Tambacher Betriebe auch lauter Zwerg- und Parzellenbetriebe sind, so besteht doch keineswegs ausschließlich Spatenkultur. Wo nur der Pflug anwendbar ist, wird er auch benutzt. — Aus der Betriebsstatistik ist zu ersehen, daß in Tambach zwei Betriebe von 4—5 ha bestehen. Es ist das der Besitz von zwei Kleinbauern, Tambachs einzigen

[1] Das Flurbuch (Vermessungsbureau des goth. Staatsministeriums) zählt rund 2450 Parzellen.

„Landwirten“. Natürlich können sie nicht vom Ertrag dieses Areals allein leben; sie sind es, die den kleinen Leuten gegen Lohn alljährlich ihre Stücke mit beackern und beeggen. Das „Kartoffelrausmachen“ wird allerdings meist von den Losinhabern selbst besorgt, und zwar mit der Hacke. Doch bei größeren und eben gelegenen Stücken läßt man die Kartoffeln in der Regel auspflügen.

Zum Unterschied vom (nördlichen) Thüringer Waldvorland mit seinem meist tiefgründigen und der Bearbeitung durch den Dampfpflug zugänglichen Kulturboden, beträgt die Dicke der Tambacher Ackerkrume nur 15—25 cm, in den höchst gelegenen Teilen der Ortsflur kaum 10 cm; dort ist der Boden auch regelmäßig arg steinig und liefert nur ganz dürftige Getreidepflanzen vom Aussehen des mageren Strandhafers.

Als eine Eigenart des Tambacher Anbaus sei noch die starke, jährlich ein bis zweimal stattfindende Düngung des Ackerlandes hervorgehoben, wodurch dessen an sich geringe Ertragsfähigkeit etwas gehoben wird und welche es ermöglicht, auf einem Stück fünf und mehrmal hintereinander ohne merkliche Entkräftung des Bodens die Kartoffel anzubauen. Die dazu nötige große Düngerproduktion ergibt sich aus der starken Viehhaltung der Tambacher Einwohnerschaft. Zur Einstreu verwendet man bei der geringen Strohproduktion freilich auch allerhand weniger wertvolle Materialien wie Laub, Waldgras, Moos und Sägespäne. Eigentliche „Waldstreu“ (abgefallene Fichten- und Tannennadeln) wird wegen der entgegenstehenden forstwirtschaftlichen Bedenken nicht mehr abgegeben; die fortwährende Entnahme von Nadeln aus den Hochwaldbeständen verhindert die Humusbildung, entblößt und entkräftet den Waldboden. Nach § 13 des Gothaischen Gesetzes vom 19. Juli 1904, betreffend Waldschutz, wird Waldstreu nur noch in Notjahren der Landwirtschaft verabfolgt, so z. B. 1911.

Rentabilität.

Die stärkere Düngung vermag die Ungunst des Tambacher Klimas und Bodens nicht vollständig zu kompensieren. Während man im nördlichen Thüringer Waldvorland (bei mittlerer Bodengüte, mittlerem Kulturzustand, normaler Witterung usw.) mit 10—12fältigem Kartoffelrohertrag rechnet, erzielt man in Tambach nur 6—8fältige Ernten. Dort sät man 6—8 Zentner pro Acker und erntet durchschnittlich 70—80 Zentner; im Waldgebiet legt der Gewerbegütler seine Saatkartoffeln in viel engere Reihen, steckt etwa 10—12 Zentner und bringt trotzdem nur 55—60, in ganz guten Lagen 70—75 Zentner aus.

Wenn der einzelne Tambacher seine Kartoffeln auf gekauftem oder gepachtetem Lande bauen sollte, so kämen sie ihm teuer zu stehen; er würde dann wirtschaftlicher verfahren, sie auf dem Markte zu erhandeln; denn die gegenwärtig in Tambach üblichen Pacht- oder Kaufpreise sind beim besten Willen nicht herauszuwirtschaften. Tambach leidet unter dem Landhunger aller Zwerggütlerdorfschaften, besonders seit etwa 1890. Seit dem heute noch nicht beendeten wirtschaftlichen Aufschwung und der eng damit verbundenen Steigerung der Bevölkerungszahl und Vergrößerung des Ortes ist die Nachfrage nach Bau- und Ackerland andauernd sehr rege; jeder möchte seinen Besitz etwas vergrößern, einer kauft vom anderen ab und treibt so die Preise ungemein in die Höhe.

Während man z. B. in den rein bäuerlichen Gegenden um Gotha herum für einen Acker (22,7 ar) schweren Rübenbodens 4—6, höchstens 800 Mk. zahlt, beträgt der Kaufpreis für die gleiche Fläche kiesigen und sandigen Acker- und Wieslandes mittlerer Güte in der Tambacher Flur 800—1100 Mk., für Stücke schlechterer Qualität 400—800, bester über 1100. Daß man bei solchen Preisen nicht auf seine Kosten kommt, ist wohl ohne weiteres klar.

Indessen kommen Fälle, wo der einzelne nur gekauftes und gepachtetes Land bewirtschaftete, in Wirklichkeit nur als Ausnahmen vor. In der Regel besitzt der Tambacher sein Land ganz oder zum weit überwiegenden Teil zu Eigentum, hat es ererbt oder erheiratet und erwirbt sich nur hie und da eine kleine Parzelle käuflich oder auf dem Wege der Pachtung. Daher braucht er auch nicht kaufmännisch zu rechnen, seinen ganzen Landwirtschaftsbetrieb nicht auf die Verzinsung eines bestimmten Kapitals einzurichten; er konsumiert die ganze Ernte in seinem Haushalt und setzt seine Arbeitsmühe nicht in Rechnung, ihm kommt es nicht auf die Reinerträge, sondern nur auf die Roherträge an.

Wiesenkultur und Viehhaltung.

Aus natürlichen Gründen haben Wiesenkultur und Viehhaltung in Tambach von jeher eine große Rolle gespielt.

Oben war schon darauf hingewiesen worden, wie die feuchten Talgründe und Quellmulden des Tambacher Kessels eine bedeutende Ausdehnung der absoluten Wiesenfläche innerhalb der Ortsflur mit sich bringen. Außer diesem können alle zu abschüssigen und weit abliegenden Rodeländereien nur durch Grasnutzung mit Vorteil unter Kultur genommen werden. Die beträchtliche Erhebung über den Meeresspiegel und die dadurch bedingte Häufigkeit der Niederschläge ist endlich dem Graswuchs ganz im allgemeinen förderlich.

Im Gemeindebezirk Tambach bestanden — wie bereits angeführt — im Jahre 1900 59,3 % der landwirtschaftlich benutzten Fläche aus Wiesland, bewässerungsfähigem und nicht bewässerungsfähigem.

Dementsprechend ist auch der Anteil des Wieslandes in den einzelnen Betrieben ein hoher. Von kleinsten Betrieben abgesehen, welche nur aus einem wenige Ar großen Stück Kartoffellandes bestehen, setzt sich ihre Fläche in der Regel halb aus Acker- und halb aus Wiesland zusammen. Je nach der Größe des ganzen Betriebes macht der Wiesenbesitz etwa ½, 1—2 oder 3 Acker aus.

Die von Natur nur zur Grasnutzung geeigneten Ländereien liegen in wenigen, 10—20 und mehr Hektar großen Stücken beisammen (Talgründe!). In diese teilen sich die zahlreichen Wiesenbesitzer, so daß die Tambacher Wiesenflächen ebenso stark parzelliert sind wie die Ackerländereien. Freilich tritt das bei den Wiesen äußerlich fast gar nicht hervor. Um möglichst wenig von der Kulturfläche zu verlieren, trennt man die einzelnen Anteile nicht etwa durch Gräben oder Furchen ab, sondern man bezeichnet die Ausdehnung der Besitzstücke (gewöhnlich von der Form eines länglichen Rechteckes) durch zahlreiche, auf ihren Grenzlinien in Abständen von 5 bis 10 Schritten eingetriebene kurze Pflöcke. Unter solchen Umständen kommen Fälle, in denen ein Nachbar dem anderen Überfahrts- (oder hier Übertritts-)Rechte gewähren muß, nicht selten vor.

Die Wiesen wurden von jeher mit großer Sorgfalt bearbeitet. Soweit es überhaupt möglich ist, werden sie regelmäßig bewässert, durchgehends gut gereinigt, von Steinen befreit und abgerecht und — ebenso wie das Ackerland — jährlich einmal gedüngt (im Herbst). Demgemäß sind die Roherträge recht beträchtlich: pro Acker durchschnittlich 20 Zentner Heu und 14 Zentner Grummet.

Die Viehhaltung ist nach Art und Menge ganz auf das Haushaltsbedürfnis der „kleinen Leute" zugeschnitten. Fast jede grundbesitzende Familie zieht sich ein oder mehrere Schweine auf und hält sich je nach der Größe des Land- und Wiesenbesitzes ein oder zwei Kühe bzw. eine oder mehrere Ziegen.

Die Viehzählung vom 2. Dezember 1907[1] ermittelte in Tambach folgenden Viehbestand:

Zahl der Familienhaushaltungen 586, Zahl der viehbesitzenden Haushaltungen 445, Pferde 48, Rindvieh 304, Schafe 2, Schweine 530, Ziegen 675, Federvieh 1996, Bienenstöcke 23.

Obwohl die beiden ersten Zahlen nicht ganz vergleichbar sind, so ergibt sich doch, daß die weit überwiegende Mehrzahl (über 3/4) der in Tambach wohnenden Familien Vieh aufzieht.

Die starke Weideviehhaltung erklärt sich vor allem aus der beträchtlichen Ausdehnung der Wiesenfläche innerhalb des Gemeindebezirks; Futterpflanzen wie Klee usw. werden nicht angebaut.

Infolge der früher fast unbeschränkt gestatteten Waldweide war die Weideviehhaltung ehedem noch größer. So gab es nach einem Hirtenschuttregister des Jahres 1536 557 Stück Rindvieh bei der Herde[2]; 1551 hielten 57 Schafhalter 466 Stück Schafvieh[3]. Ähnlich noch in den Jahren 1852 und 1864:

	Rindvieh	Schweine	Schafe	Ziegen	Pferde
1852	518	134	98	196	59
1864	411	286	128	240	41

Bei einer Bevölkerungszahl, die gegenüber der heutigen um rund 1000 kleiner war (1852: 2073 und 1864: 1988[4]), einen um 100 bis 200 Stück größeren Rindviehbestand!

Nach den Mitteilungen des Statistischen Bureaus des Staatsministeriums zu Gotha, 1. Bd., produzierte man damals „köstliche

[1] Mitteil. d. Statist. Bureaus d. Staatsmin. zu Gotha, Jahrg. 1908.

[2] T. G. A., Loc. 1. [3] Hering, S. 70.

[4] Der absolute Bevölkerungsrückgang erklärt sich durch die Auswanderung, die gerade in den 1850/60er Jahren am stärksten war; so 1853: 88, 1854: 45 Seelen (L. A. O., Loc. 11, Nr. 34, Auswanderungsstatistik).

Waldbutter“ und Käse über den eigenen Bedarf hinaus und exportierte einen Teil dieser Erzeugnisse nach benachbarten Badeorten, nach Gotha und anderen an der thüringischen Eisenbahn gelegenen Städten, selbst bis nach Berlin hin[1].

Aus der Erkenntnis heraus, daß der Weidegang des Viehes den Waldungen mehr Schaden als Nutzen bringt (das Vieh verliert zwar viel Dung, zertritt aber anderseits die jungen Pflänzchen, zernagt die halberwachsenen Stämmchen — Ziegen! — zerstampft den Waldboden und verlangsamt damit die Humusbildung), schränkte die Regierung die Waldweide späterhin bis auf ein Minimum ein. Als Folge davon verringerte sich die Rindvieh- und Schafhaltung um ein ganz beträchtliches. Während die Hirten[2] vor 40, 50 Jahren 200 bis 300 Stück Rindvieh austrieben, sind heute regelmäßig nicht mehr als 60 bis 70 Stück bei der Herde.

Parallel mit der Abnahme der Rindvieh- und Schafhaltung ging bezeichnenderweise eine bedeutende Vergrößerung des Schweine- und Ziegenbestandes. Es ist das leicht daraus zu erklären, daß sich um jene Zeit, namentlich aber seit 1890, die Zahl der Fabrik- und anderer Lohnarbeiter ganz beträchtlich vergrößerte, und für diese „kleinen Leute“ gerade Schwein und Ziege die vorteilhaftesten Haustiere sind.

Wie in allen anderen Walddörfern, so wird auch in Tambach keine eigentliche Schweinezucht betrieben. Man kauft sich von durchziehenden Händlern, von den Bauern auf den Gothaer und anderen Wochenmärkten Läufer- und Saugschweine und zieht sie anfangs mit Milch, später mit Kartoffeln, Schrot, gestoßenen Brennesseln, Disteln und Runkelblättern vom Acker und aus dem Garten, allerhand Küchenabfällen usw. groß. Mit ein, zwei Schweineschlachtungen verschafft sich eine Familie für einen großen Teil des Jahres ihren Fleisch-, Fett-, Speck- und Wurstbedarf. Nicht selten, namentlich in den größeren Betrieben, kommt auch ein Schwein zum Verkauf.

Die Kühe werden als Milch- und Zugvieh verwendet, als Zugvieh besonders für die Dünger- und Holzfuhren. Man trifft — wie in anderen Waldorten — fast ausschließlich die genügsame, zähe und widerstandsfähige (meist braune) thüringisch-fränkische Rasse an. Kuhhaltung ist möglich schon auf Betrieben von ½ ha, kommt hier auch nicht selten vor, lohnt indessen recht erst bei 1 ha und mehr; in letzterem Falle hält man 2, 3 und mehr Stück.

Es bricht sich auch in Tambach immer mehr die verständige Überzeugung Bahn, daß das bestgeeignete Milchvieh des Gewerbegütlers nicht die Kuh, sondern die Ziege ist. Für den Zwergbesitzer besteht weniger Risiko, wenn er sich zwei bis drei Ziegen statt einer Kuh hält. Drei Ziegen stellen weniger Kapital dar, aber geben denselben Milchertrag wie eine Kuh. Eine Kuh gibt außerdem nur ¾ Jahre lang Milch, wohingegen es sich schon bei zwei Ziegen leicht einrichten läßt — indem man sie zu verschiedenen Zeiten lammen läßt —, daß man das ganze Jahr über

[1] 1845 wohnte in T. eine Butterhändlerin (L. A. O., Loc. 30, Nr. 38).

[2] Während T. heute nur einen Hirten hält, gab es 1731 (T. G. A., Loc. 8, Nr. 327): zwei Hirten („Ober- und Unterhirt“) und einen Schäfer; ebenso noch im Jahre 1845 (L. A. O., Loc. 30, Nr. 38).

Milch aus dem eigenen Stalle hat. Gewiß lassen sich Ziegen nicht als Zugvieh verwenden; doch sind Gespannarbeiten gerade bei kleinsten Betrieben ganz unerheblich und können ohne besondere Mühe durch Menschenhand erledigt werden. Zudem lassen solche Betriebe ihre Pflugarbeiten entweder vom Fuhrmann und den wenigen kleinbäuerlichen Besitzern mitbesorgen, oder man gräbt sich sein Feld mit dem Spaten selbst um.

An Federvieh wurden am 1. Dezember 1907 1996 Stück gezählt, das ist auf eine viehbesitzende Haushaltung 4—5 (Hühner, Enten, Gänse) — also recht wenig. Es ist das nicht verwunderlich. Geflügel soll sich im wesentlichen selbst ernähren durch Körnersuchen auf dem Wirtschaftshof, vor der Scheuer, auf dem Düngerhaufen, in den Ställen. Dazu aber findet sich in den Tambacher Betrieben wenig Gelegenheit. Die Gehöfte sind zu klein, Körnerbau wird nur in ganz geringem Umfang betrieben, so daß man bei ausgedehnterer Federviehhaltung den überwiegenden Teil des Futterbedarfs ankaufen müßte. Das aber ist wenig rentabel, und so begnügt man sich mit ein bis zwei Gänsen und mehreren Hühnern, vielleicht noch einigen Enten und Tauben. Viele Haushaltungen treiben überhaupt keine Geflügelzucht.

Die vorstehenden Ausführungen über die Landwirtschaft in Tambach lassen sich in ihren Hauptzügen unbedenklich auf den ganzen Thüringer Wald übertragen. Mit verschwindenden Ausnahmen (in den Buntsandsteinvorbergen z. B. Deubach und Kälbra) sind alle Waldorte, ebenso wie Tambach, Ansiedelungen von grund- und meist auch hausbesitzenden Gewerbetreibenden, von Hausindustriellen, Fabrik- und anderen Lohnarbeitern. Überall Zwerg- und Parzellenbetriebe; in jeder Flur ein starker und mit zunehmender Erhebung über den Meeresspiegel steigender Prozentsatz der Wiesenfläche; im Anbau (vorherrschender Kartoffelbau), in Umfang und Richtung der Viehhaltung (starke Viehhaltung im allgemeinen; der Zahl nach Überwiegen der Schweine und Ziegen — entsprechend den Haushaltsbedürfnissen der kleinen Leute) — allenthalben dasselbe Bild wie in Tambach. Die Belege dafür in den Veröffentlichungen des Statistischen Bureaus der Anteilstaaten; der Raumersparnis wegen muß ich auf die Wiedergabe hier verzichten.

Ich schließe die Ausführungen über Tambach mit einigen Angaben über die

materielle Gesamtlage.

Wir bemerkten bereits, daß Tambach heute in erster Linie Fabrikort, nur nebenbei auch noch Höhenluftkurort ist.

Über die Hälfte der erwerbstätigen Bevölkerung ist in Fabriken, besonders zwei Metallwarenfabriken, beschäftigt, in denen unter weitgehender Verwendung der (billig arbeitenden) männlichen und weiblichen Jugendlichen hauptsächlich wenig qualifizierte Arbeit verrichtet wird, meist billige Massenartikel hergestellt werden. Tambach steht damit im Gegensatz zu einigen anderen Waldorten, z. B. Gehlberg, wo eine sehr geschickte Glasarbeiterbevölkerung hochwertige Artikel fabriziert und dementsprechend hohe Löhne erzielt. Zwar finden die Tambacher Fabrikarbeiter auch ihr bequemes Auskommen, doch kann man ihnen sicherlich nicht das Prädikat „wohlsituiert“ (wie der Gehlberger Arbeiterschaft) beilegen. Entsprechend ihren nicht hochwertigen Leistungen sind die Einkommen der breitesten Schicht der Tambacher erwerbstätigen Bevölkerung auch nur mittelmäßig bis gering. Ungefähr auf derselben Einkommenstufe wie die Fabrikarbeiter stehen die unselbständigen Zimmerer, Maurer und Steinmetzen — die andere große Berufsklasse des heutigen Tambach.

Eine annähernd richtige Vorstellung von der materiellen Gesamtlage erhält man aus der Gemeindesteuerliste. Nach ihr versteuerten im Jahre 1910:

Zensiten	Jahreseinkommen Mark
129	3—400
434	4—700
271	7—1300
86	1300—4000
6	4—7000
8	über 7000

Zur Einkommenklasse von 3 bis 400 Mark gehören die alten Leute und die Fabrikmädchen, von 4 bis 700 die ledigen männlichen Fabrikarbeiter und Maurer-, Steinmetz- und Zimmergesellen; dann folgen mit 700 bis 1300 Mark die verheirateten Fabrikarbeiter, verheirateten unselbständigen Bauhandwerker und die Holzhauer. In die Klassen von etwa 1300 bis 4000 Mark sind die Werkmeister, Oberholzhauer, selbständigen Handwerksmeister, Krämer und Kleinkaufleute, die Fuhrleute, die kleinen Rentiers, die Lehrer und Lehrerinnen, die Gasthof- und kleineren Fabrik- und Mühlenbesitzer zu rechnen. Diese Berufs- und Einkommenklassen (1300 bis 4000) könnte man als den „Tambacher Mittelstand“ bezeichnen; wegen ihres Grund-, Vieh- und meist auch Hausbesitzes sind indessen auch die Fabrikarbeiter, die unselbständigen Maurer, Zimmerer und Steinmetzen (ebenso die Holzhauer) mit in die unterste Schicht des Mittelstandes einzubeziehen.

Zu den Höchstbesteuerten gehören endlich einige akademisch gebildete Staatsbeamte, einige Rentiers und namentlich die größeren Fabrik- und Mühlenbesitzer.

FSC
www.fsc.org
MIX
Papier | Fördert gute Waldnutzung
FSC® C083411

Kolibri 360 GmbH
Ferdinand-Jühlke-Straße 7
99095 Erfurt, Deutschland
produktsicherheit@kolibri360.de

Druck:
CPI Druckdienstleistungen GmbH
im Auftrag der
Kolibri 360 GmbH
Ferdinand-Jühlke-Str. 7
99095 Erfurt